U0919037

南京博物院　编
Edited by Nanjing Museum

苏韵流芳

THE INTANGIBLE CULTURAL HERITAGE OF JIANGSU

译林出版社　博书堂文化

序

江苏跨江滨海、钟灵毓秀，是中华文明的重要发祥地之一。在这片水韵灵动、书香浸润的土地上，一代代江苏人为美好生活而辛勤耕耘，不仅创造了辉耀古今的物质文明，而且留下了精彩奇绝的非物质文化遗产。

“知者创物，巧者述之守之。”千百年来，好学聪慧、身怀精湛技艺的江苏民间艺术家，薪火相传、世代传承，使丰富多彩的非物质文化遗产散发出迷人的光彩。被誉为“百戏之祖”的昆曲，婉丽妩媚、一唱三叹，历经六百多年的岁月变迁，老树新花，享誉国际。代表中国千年士人文化的古琴艺术，隽永古朴、和雅清淡，以江苏的虞山、广陵、金陵、梅庵为代表的四大流派，更是久负盛名。蜚声中外的江南园林营造技艺，咫尺之内、再造乾坤，巧手匠心令人叹为观止。环顾大江南北，以紫砂、玉雕、云锦为代表的传统手工技艺，以江南丝竹、苏州评弹为代表的传统表演艺术，以淮扬菜为代表的养生饮馔，以秦淮灯会为代表的百里异俗，各类文化遗珍林林总总、不胜枚举。目前，江苏已有10个项目入选联合国教科文组织公布的人类非物质文化遗产代表作名录，146个项目列入国家级非物质文化遗产名录。这些流光溢彩的历史文化瑰宝，点缀了吴越古韵、楚汉雄风、金陵人文、维扬风物竞放异彩的地方文化图景，融入了地域特色鲜明的江苏文脉，滋养了江苏人独特的精神气质。

非物质文化遗产被誉为民族的活史和背影。江苏一直珍视祖先留下的宝贵财富，悉心守护这份传统的情感，留住水乡那种温馨的记忆。我们必须始终秉持对历史、对人民、对未来负责的态度，大力加强非物质文化遗产的保护、传承与利用，推动传统文化的创造性转化和创新性发展，厚植文化强省的根基，让先人的智慧和创造在现代生活中释放出更加持久的生命力。

《苏韵流芳》以图文并茂的形式，集中展示了江苏流传至今的非物质文化遗产代表项目，呈现了江苏传统文化的源远流长和灿烂多姿。相信捧读《苏韵流芳》的朋友，无论你是否生活在江苏、是否来过江苏，都会为这里优秀的传统文化而怦然心动，都会为依然存续的经典传统艺术而心驰神往。

现在，全省人民正在按照“聚力创新、聚焦富民，高水平全面建成小康社会”的战略部署，加快建设经济强、百姓富、环境美、社会文明程度高的新江苏。在新的历史征程上，我们需要大力推进文化繁荣发展，不断满足人民群众日益提升的精神文化需求，更好地凝聚起奋发前行的精神力量，为关注江苏、了解江苏的朋友们多打开一扇窗户，多增加一个载体，这是我们编印《苏韵流芳》这本书的初衷所在。

江苏省委书记
江苏省人大常委会主任 李强

2017 年 8 月 12 日

Foreword

With the Yangtze River running through and the Yellow Sea on the east, and with the advantages of natural endowment and human talents, Jiangsu Province is one of the cradles of Chinese civilization. On this charming land of water networks, generations of book-loving and hard-working people have created not only everlasting material heritage but also magnificent intangible heritage.

"Wise people create things, and skillful people retell them and protect them." For hundreds of years, those smart folk artists with special techniques in Jiangsu have carried down their art from their forefathers through generations so that our intangible cultural heritage glitters with colorful splendor. The six-century-old Kunqu Opera, which is reputed as "father of all operas" for its sweet grace and unique aria, has won international fame with its new blooms on its ancient bows. The artistic septachord *guqin,* which is a representative of the Chinese scholarly culture for millenniums, sounds primitive and lingers long in the auditors' minds with its elegant and peaceful music. *Guqin* is particularly famous for its four schools of art, namely, Yushan in Changshu City, Guangling (present Yangzhou City), Jinling (present Nanjing City) and Mei'an, which is derived from Jinling school. The world-famous Gardens on the South of Yangtze contain great ideas within their tiny places. This craftsmanship has made visitors gasp with admiration. On both sides of the Yangtze River, Jiangsu enjoys numerous heritage such as traditional handicrafts like Zisha, jade sculpture, brocade, traditional performing arts like Jiangnan *Sizhu* (South-of-Yangtze flutes and chords), Suzhou *Pingtan* (story-telling and ballad-singing in Suzhou dialect), the food and drinks represented by Huaiyang Cuisine (Huai'an-Yangzhou Cuisine), the unusual custom featured by Qinhuai Lantern Fair, etc. By now, Jiangsu has 10 projects on Representative List of the Intangible Cultural Heritage of Humanity of the UNESCO and 146 projects on the National Intangible Cultural Heritage List. All those historical relics have enriched the antiquity of Wu and Yue States (present Suzhou), the awe of the Han Dynasty (present Xuzhou), the scholarly culture of Jinling (present Nanjing), the scenery of Weiyang (present Yangzhou). Those cultures make up the whole picture of Jiangsu, whose sharp-cut local context has nurtured the unique ethos of Jiangsu's people.

Intangible cultural heritage is famed as the living history and back figures of a nation. Jiangsu has always treasured the relics passed down from our forefathers and has carefully protected this traditional affection so that this home spirit will remain forever. Bearing in our minds responsibility for history, for the people and for the future, we must substantially further the protection, the transmission and the utilization of intangible cultural heritage, push forward the creative transformation and innovative development of traditional culture, and solidify the basis for a province of cultural strength so that the wisdom and creativity of our fathers will have eternal vitality in our modern life.

The Intangible Cultural Heritage of Jiangsu, with pictures and texts, is illustrative of the existence, the history and the variety of intangible cultural heritage in Jiangsu. Readers, whether living in Jiangsu or outside, whether having experience in Jiangsu or not, will all have faster heart beats with excitement and long for the classic art of the province with this book before their eyes.

With the strategies of "focusing on innovation, enriching the people and building a higher level of well-off society to the overall completion", the people of Jiangsu are speeding up the construction of a province of strength in economy, wealth in the people, beauty in environment and advances in social culture. In the new historical process, we must vigorously drive on cultural prosperity to meet people's increasing needs for culture, to better gather up spiritual power for advances, to open a window for the understanding of Jiangsu, and to add a new carrier of Jiangsu culture. Here lies the original intention of this book.

LI Qiang
Secretary of the Jiangsu Provincial Committee of the Communist Party of China, Chairman of the Standing Committee of the Jiangsu Provincial People's Congress
August 12th, 2017

目录

Contents

巧手匠心

人文沃土涵养了聪慧灵秀，

青山绿水滋润了才智豪情。

田间作坊的劳动灵感，

文人造物的奇情雅趣，

孕育了巧手匠心的民间技艺，

谱写了鬼斧神工的神话传奇。

江苏人杰地灵，物产丰饶，手工技艺日臻完善。

香山帮传统建筑色调和谐，布局精巧，宛若天作；

御窑金砖细腻美观，光润耐磨，有化土为金之妙；

明式家具结构严谨，线条流畅，装点了书香世家；

紫玉金砂烹茗，其味醇芳隽永；

惠山泥人形态逼真，富有灵性。

能工巧匠们的奇思妙想，

创造了文质兼备、巧夺天工的手工技艺，

彰显了江苏人民赏心悦目、叹为观止的精致风韵。

CRAFTSMANSHIP

Rich in natural resources and splendid culture since ancient times, Jiangsu Province boasts of a long history of traditional handicraft. Recognized as the fruit of craftsman wisdom as well as the precious treasure owned by all mankind, these handicrafts carry a historical, scientific and artistic value.

香山帮传统建筑营造技艺

Xiangshan School Traditional Architectural Craftsmanship for Timber-framed Structures

苏州香山帮传统建筑营造技艺，是中国传统建筑营造技艺的一个重要流派，是以木材为主要建筑材料、以榫卯为木构件的主要接合方法、以模数制为尺度设计和加工生产手段的建筑营造技术体系。它有着悠久的传承历史，至明清时期达到鼎盛，在海内外留下了大量的宫殿、园林、寺庙等建筑杰作。

In Ming and Qing Dynasties, the Suzhou craftsmen constructed the Imperial Palace and various private gardens in Suzhou with Chinese traditional construction technique for timber-framed structures.

苏州市非物质文化遗产保护管理办公室供图

中国昆曲博物馆采用木框架结构，外观造型线条流畅，屋脊檐口、发戗翘角设计合理，工艺精确。

中国昆曲博物馆

苏州市非物质文化遗产保护管理办公室供图

拙政园是中国园林的杰出代表，被联合国教科文组织列入世界文化遗产名录，体现了苏南建筑的最高成就。

苏州木渎古镇的园林景观

拙政园远香堂奇玉轩通向小沧浪处走廊十景漏窗之一。漏窗是中国古典园林建筑中独特的建筑形式，也是构成园林景观的一种建筑艺术处理工艺。

拙政园“贡式扇景式”漏窗

浙江奉化岳林寺平面图
香山帮建筑师设计

苏州市非物质文化遗产保护管理办公室供图

古戏台穹顶

苏州市非物质文化遗产保护管理办公室供图

古戏台穹顶利用科学的原理、精巧的工艺建成，对戏曲演唱起到扩音与拢音作用，使舞台艺术更臻完美。

无锡前洲锦绣园平面图

香山帮建筑师设计

苏州市非物质文化遗产保护管理办公室供图

网师园“藻耀高翔”砖雕门楼

Technique of Manufacturing Gold Bricks in Suzhou Imperial Kilns

御窑金砖有着独特的制作工艺，主要包括选泥、练泥、制坯、装窑、烘干、窨水、出窑等二十余道工序，一块金砖从采泥到出窑，要经过一年多的时间。御窑金砖古朴坚实，光可鉴人，面平如砥像一方黛玉，光滑似镜若一块乌金，敲击时会发出类似金属的铿锵之声。

Not made of real gold, the capital bricks are so-called because they produce a metallic sound when knocked. Made of a kind of fine clay, bricks of this quality were meant only for the imperial house.

御窑金砖

御窑金砖黛青光滑、古朴坚实、细腻坚硬，“敲之有声，断之无孔”。

出窑

许金荣摄，苏州市非物质文化遗产保护管理办公室供图

Technique of Making Ming Dynasty Style Furniture

明式家具制作技艺在材料、造型、结构、工艺、功能等方面，都体现了江南文人清逸、含蓄、内秀的审美情趣，与江南地区秀丽的自然环境、风雅的人文气息、精美的园林及厅堂的内部陈设协调一致。明式家具用料细瘦，线形挺拔，比例适度，刚中有柔，极富韵味。榫卯结构在明式家具的运用中得到很大发展，具有多样、精密、巧妙的特点。

Treasured for its precious wood, comfortable design, simple decoration and superb craftsmanship, Ming furniture is an embodiment of Chinese furniture excellence. With no nails or glues, hidden joinery was developed to make strong and stable pieces that combine curves with straight members, matching grain and color.

官帽椅的组装过程

榫卯结构拼装示意

榉木束腰喷面冰裂脚杖半桌
清
南京博物院藏

榉木无束腰刀牙板方凳
清
南京博物院藏

宜兴紫砂陶制作技艺主要包括原料加工、器物成型、装饰和烧成四大工艺流程，在数百年过程中形成的工艺体系迄今保存完好。自明代以来，紫砂器一直受到人们的重视，不同时期文人的介入，又进一步提升了它的文化和艺术内涵。紫砂器集实用性和艺术性于一体，其代表作紫砂壶，更因与中国传统的诗、书、画、印、茶等文化的紧密结合，而蜚声海内外。

Scholars' participation substantially influenced the making of Zisha ware since the Ming Dynasty. Developing its cultural and artistic meaning, Zisha ware is closely related to such Chinese traditional culture as poetry, calligraphy, paintings, seals and tea.

紫砂桃形杯　项圣思
明末清初
南京博物院藏

此杯为宜兴著名陶工项圣思的传世作品，胎质细腻，色红润，为宜兴窑烧造。紫砂桃形杯外形似半剖的桃子，又以枝叶做杯把，三小桃为足，造型自然，甚有意趣。

提梁紫砂壶 时大彬
明
南京博物院藏

提梁紫砂壶 顾景舟
现代
南京博物院藏

宜兴紫砂陶艺名家顾景舟拥有精湛的技艺和超凡的审美趣味，被誉为“壶艺泰斗”。他制作的这把提梁紫砂壶整体造型古朴典雅，线条流畅和谐，堪称“集紫艺之大成，刷一代纤巧糜繁之风”。

无锡市非物质文化遗产保护中心供图

紫砂壶是中国特有的手工陶器，
经数百年传承与发展，
如今已不再仅仅是一件冲茶器皿。
国画大师李可染先生赞美紫砂壶艺“别出心裁，意在神韵”，
这与中国人崇尚简单自然美一脉相承，
大雅而深意无穷。

制扇技艺

苏扇是苏州特产，包括折扇、檀香扇和绢宫扇三大类。苏扇集造型、装裱、雕刻、镶嵌、髹漆等多种精湛工艺于一身，做工精致细腻，历来是文人雅士不可或缺的掌中宝物。在漫长的历史演变过程中，苏扇已经与诗词、书法、绘画等传统艺术紧密结合在一起。

Making Chinese folding fans involves a variety of crafts and fine arts. With the increased artistic and aesthetic value from the art of poetry, calligraphy and paintings, fans made in Suzhou have become a daily necessity for refined scholars.

梅花诗文折扇
清乾隆
南京博物院藏

苏扇重骨，明代沈德符《万历野获编》载：“今吴中折扇，凡紫檀、象牙、乌木者，俱目为俗制，惟以棕竹、毛竹为之者，称怀袖雅物，其面重金亦不足贵，惟骨为时所尚。”

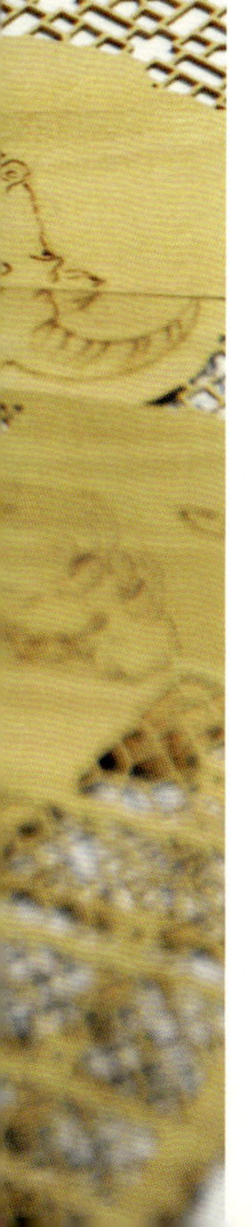

檀香扇制作

苏州檀香扇玲珑纤巧、富贵华丽、芬芳馥郁，经过锯片、组装、镂拉、裱糊、绘画等十多道工序而成，尤其以“四花”（拉花、烫花、绘花、雕花）的装饰手法见长。

檀香木极香，
故一扇在手，香溢四座，
有“扇存香在”之誉。
盛暑可以祛暑清心，
入秋藏之箱中，
有香袭衣衫、防虫防蛀之功效，
保存十年八载，
依然“日日花香扇底生”。

Huishan Clay Figurines

无锡惠山泥人分为“粗货”与“细货”两大类。“粗货”造型简洁朴拙，色彩明快，挥洒写意，形神兼备，内容大多以喜庆吉祥题材为主，如大阿福、小花囡等，寄托着民间祈求祥瑞、辟邪纳福、丰衣足食的美好愿望；“细货”即手捏泥人，主要取材于戏曲人物、神话传说，也称为“手捏戏文”。惠山泥人以独特的艺术造型、鲜明的民间色彩和浓郁的江南气息而深受民众的喜爱。

The Wuxi Huishan clay figurines can be divided into two categories. One yields a simple and rough style, bright colors and many more auspicious themes; the other, mainly based on traditional opera characters, myths, legends and folk customs, takes a more exquisite form.

上彩

京剧《贵妃醉酒》手捏戏文

粗货——阿福、阿喜

阿福、阿喜取材于民间传说，造型圆润丰满，寓意着迎祥纳福、辟邪消灾。

无锡市非物质文化遗产保护中心供图

细货——手捏戏文

细货以“手捏戏文”为主，风格写实细腻、八面玲珑。

无锡市非物质文化遗产保护中心供图

制作工艺流程

惠山泥人的制作工序极为复杂，有搓、揉、挑、捏、印、拍、剪、色、压、贴、镶、划、扳、插、推、揩、糊、装等技艺。其中彩绘环节至关重要，素有“三分塑七分彩”之说。

京剧《四郎探母》手捏戏文
民国
南京博物院藏

京剧《美猴王》手捏戏文

现代

南京博物院藏

喻湘涟、王南仙作品

剪纸

Papercutting

剪纸是用剪刀或刻刀在纸上剪刻花纹，用于装点生活或配合其他民俗活动的一种民间艺术。剪纸具有最广泛的群众基础，融于各族人民的社会生活，是传统美术的一种重要表现形式。以扬州、南京、徐州、金坛等地为代表的江苏剪（刻）纸艺术，细腻典雅，玲珑剔透，具有浓郁的地域特色。

Papercutting is an important form of Chinese folk arts. Representative of the traditional style of papercutting in Jiangsu, the exquisite and elegant handicrafts made in Yangzhou, Nanjing, Xuzhou and Jintan etc. display distinctive regional cultures.

扬州剪纸《鹤舞云霄》

扬州剪纸

线条清秀流畅，构图精巧雅致，形象夸张简洁，形成了特有的“剪味纸感”和艺术魅力，为中国南方民间剪纸艺术的代表之一。

剪纸工艺美术大师张永寿在民间传授技艺

李思尔摄，扬州市非物质文化遗产保护中心供图

南京剪纸《百鸟朝凤》

张方林作品

南京剪纸《丰收》

张方林作品

南京剪纸

南京剪纸融北方剪纸的粗放和南方剪纸的纤细于一体，花中有花，题中有题，粗中有细，拙中见灵。

南京剪纸《猫头鹰》

张方林作品

庄安乐摄，徐州市非物质文化遗产保护中心

剪纸艺人王桂英

徐州剪纸

徐州剪纸结构粗犷浑厚，艺术风格朴实无华，表现形式变形夸张、生动丰满。

徐州剪纸《春夏秋冬》

衡瑞霞作品，徐州市非物质文化遗产保护中心供图

金坛刻纸《百年奥运》（刻制中）

金寿彭、王玉华作品，常州市非物质文化遗产保护中心供图

金坛刻纸

金坛刻纸主要由手工绘画和镂空刻制组成，制品幅式灵活，具有表现细腻丰富和构图精细繁茂等艺术特点。

江苏盆景技艺融“诗、书、画、技”于一体，端庄大气，清新自然，具有极强的装饰性和深远的意境。创作过程中注重传统文化、地方特色与现代审美情趣的结合，追求诗情画意。扬派和苏派盆景具有飘逸、清秀、古雅、写意的特点，是江苏盆景技艺的杰出代表。

Recreating parts of the natural landscape in miniature, the potted scenery of Jiangsu style graces pavilions, private studies or living rooms, and public buildings. Their artistic composition and conception captures the spirit of nature, combines the traditional culture, regional distinction and modern aesthetics.

《铁骨峥嵘》

树种：圆柏

枝干犹如铁骨，虬曲多变，线条流畅，云片高低错落，层叠飞舞。

《行云》

树种：黄杨

枝叶通过棕丝精扎细剪，形成层次分明的“云片”，主干基部粗壮，上部虬曲多变。

《叠翠》

树种：五针松

作品既具有传统扬派盆景的雍容华贵，又不失现代盆景的明快流畅，枝片层层叠叠，似行云流水。

《饮马图》

树种：榔榆

作品以“清池饮马”为题材，表现了春日野外的勃勃生机。树木主次分明，苍劲自然；布局虚中有实，实中有虚；坡岸平缓无险，恬静如画。

《古木清池》

树种：榔榆

作品以数株榔榆为主景，以水面、旱地和龟纹石为次景，突出表现原始而纯真的自然美，呼吁加强保护环境、尊重自然的意识。

《八骏图》

树种：六月雪

作品以中国画中的八骏为题材，采用多样统一的艺术表现手法，进行“绘画式”的精心组合，表现了温馨、祥和、恬静、自然和轻松的意境。

盆景技艺部分均由扬州市非物质文化遗产保护中心供图

苏派装裱技艺

The Suzhou Style of Mounting Technique

苏派装裱技艺自明朝起受吴门画派的影响，在长期的发展过程中形成了自己独特的艺术风格，其特点主要是：选料精良，配色素雅，装砑熨帖，款式多样，裱工精佳。苏派装裱技艺应用于修复古书画作品，尤为精致，漂、洗、揭补、全色等各种技法都比较全面。

Under the influence from Wu or Wumen School painters since the Ming Dynasty, the Suzhou style of mounting scrolls adopts its own artistic feature in the evolving process. The paintings are mounted in a delicate way.

01	05	09
02	06	10
03	07	11
04	08	12

01 洗画芯
02 揭画芯
03 托画芯
04 出助条
05 补画芯
06 贴折条
07 打胶矾
08 全色
09 镶嵌
10 转边
11 上包首
12 覆背
13 贴签条
14 贴搭杆
15 上壁挣平
16 打蜡
17 砑活
18 剔边
19 装天杆
20 装地杆
21 穿绳带
22 粘封头
23 系扎带

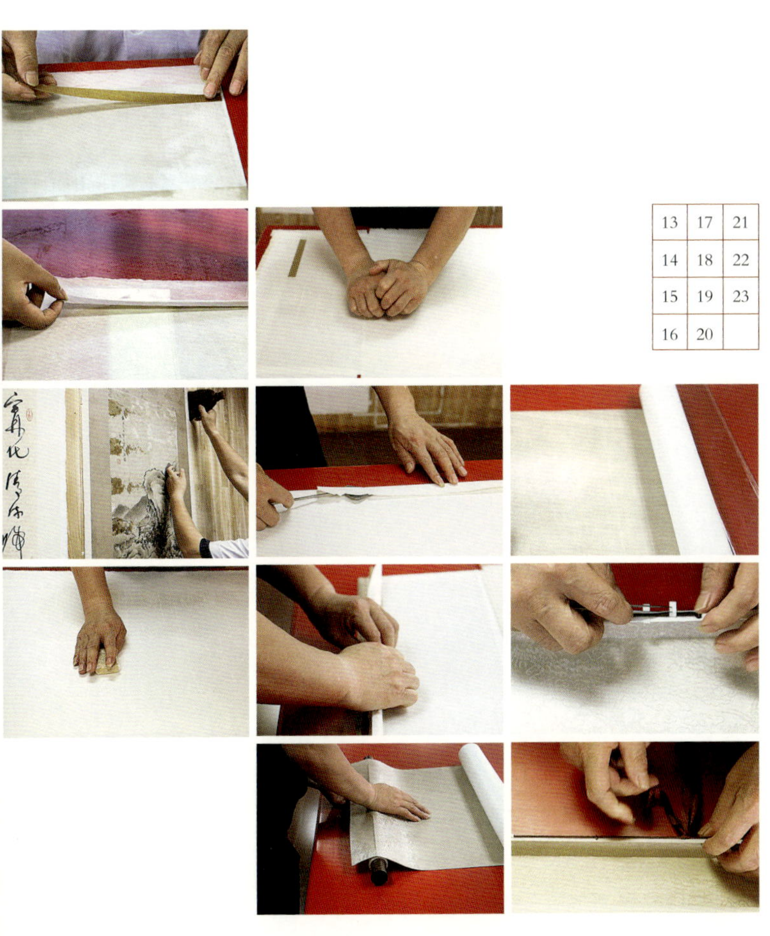

玲珑精绝

雕刻百工，炉锤万物。

雕版、木刻、玉雕、竹刻、石雕、核雕、牙雕……

江苏大地上传承着历史悠久、技艺精湛的雕刻工艺。

玉不琢，不成器，

江苏玉雕构造精致，秀丽典雅，玲珑剔透，

集深浅浮雕、立体圆雕、镂空雕等多种技法于一体。

桃之夭夭，灼灼其华，

苏州桃花坞木版年画色彩鲜明，情趣盎然，祈福迎祥，祛凶辟邪。

雕版印刷术凝聚着中国造纸术、制墨术、雕刻术、摹拓术等优秀的传统工艺，

整个流程散发着古朴典雅的文化气息，

它促进了文字的规范、民族的团结、国家的统一和文明的传承，

促进了中华文化与世界文化的交流和融合。

雕刻

The art of carving from Jiangsu enjoys a great variety of techniques, including wood carving, jade carving, stone carving, and olive kernel carving, etc. These techniques are closely related to the daily lives of local people, involving decoration, entertainment, and etiquette. It reflects material and spiritual culture in aspects of art, science, and economy.

雕版印刷技艺是运用刀具在木板上雕刻文字或图案，再用墨、纸、绢等材料刷印、装订成书籍的一种特殊技艺。其工艺流程非常复杂，可分为备料、雕版、刷印、套色、装帧等环节。每个环节又包含若干道工序，每道工序又因其印刷种类和要求的不同而有所变化。

Engraving printing technique is the use of carving tools on wooden boards to engrave texts or patterns, which are then combined with ink, paper, silk and other materials for printing and book binding purposes. Jiangsu's Guangling Classic Engraving Printing Press and Jinling Sutra Publishing House have preserved a large number of ancient engraved editions, and retained a complete system of engraving printing process.

写样

刻版

刻版

扬州雕版印刷技艺

明清时期，扬州雕版印刷技艺空前发展，达到鼎盛。康熙年间刊印了包括《全唐诗》在内的内府书籍三千余卷。至今，扬州广陵古籍刻印社还保留着全套古籍雕版印刷工艺流程，共有二十多道工序，并存有近三十万块雕版板片。

金陵刻经印刷技艺

清同治五年（1866），我国近代佛教文化复兴奠基人杨仁山居士、妙空法师等十六位有识之士，创办了金陵刻经处，传承我国古代佛教文化及古代佛经、佛像木刻雕版印刷技艺，百余年来在国内外享有盛誉。金陵刻经处是我国著名的佛教文化机构，也是融古代经书、经版收藏，经书雕刻、印刷、流通与佛学研究于一体的机构。

雕版板片

金陵刻经处之经版楼

扬州漆器髹饰技艺有点螺、雕漆、雕漆嵌玉、刻漆、平磨螺钿、彩绘、骨石镶嵌、楠木雕漆砂砚、磨漆画制作九大门类，品种齐全，技艺精巧，绚丽多彩，格调清新，极富东方神韵。扬州漆器在制作手法和工艺上，具有南派漆器的隽秀精致，在产品的造型和气势上，又常见北派漆器的雄浑和厚重。

Lacquerware refers to daily utensils, handicrafts and artworks produced with lacquer on the surface of various objects. Lacquerware is known for its resistance to moisture, high temperature, and corrosion. Yangzhou lacquerware features exquisite craftsmanship, colorful patterns, fresh style, and oriental charm.

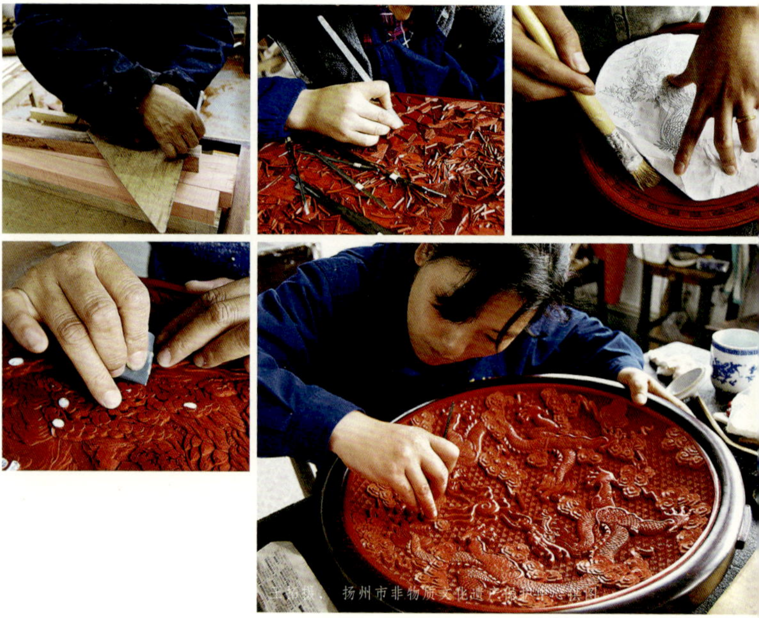

在扬州漆器制作过程中，漆器匠人在器物表面涂漆均须若干层，多的要涂上百层，使漆面具有相当的厚度，再在漆面上精心地刻画浮雕。

王虹军摄，扬州市非物质文化遗产保护中心供图

千雕万刻，
尽心打造，
每处造型都独具匠心。

嵌螺钿《西厢记》漆圆盘

明

南京博物院藏

嵌螺钿“状元及第”故事倭角漆方盘

清

南京博物院藏

朱面黑地雕漆人物山水寿春盒

清乾隆

南京博物院藏

苏州桃花坞木版年画是我国南方流传最广、影响最大的一种民间木刻年画，因产于苏州市城北的桃花坞地区而得名。桃花坞木版年画源于宋代的雕版印刷工艺，由绣像图演变而来，到明代时发展成为优秀的民间艺术流派，形成了独特的风格。

Suzhou Taohuawu Woodcut New Year Painting represents the most popular and influential folk style of woodcut New Year paintings in southern China. It focuses on the depiction of Suzhou's city life and urban landscape, a true record of local color from different periods of time.

《福寿双全图》
清末民初
南京博物院藏

桃花坞木版年画绘制精美、色彩绚丽，场面宏大、内容丰富，画面远近分明、层次清晰。

《榴开百子》
清末民初
南京博物院藏

桃花坞木版年画着重描绘苏州市民生活和城市景观，运用成熟的套色技法体现浓郁的民间气息，真实记录了当时苏州的风土人情。

《门神秦琼和尉迟恭》
清末民初
南京博物院藏

和合致祥
長命富貴
壹團和氣

《一团和气》
清末民初
南京博物院藏

桃花坞木版年画多以民间故事、神像、戏文、时事为题材，运用象征、寓意、夸张的手法，表达人们美好的愿望。

刻版

桃花坞木版年画的制作一般分为画稿、刻版、印刷、装裱和开相五道工序。其中，刻版工序又分上样、刻版、敲底和修改四部分。套色印刷主要包括看版、冲色配胶、选纸上料（夹纸）、摸版、扦纸、印刷、夹水等步骤。

套色印刷

Jade Carving

扬州玉雕善于表达诗情画意，苏州玉雕则偏于慧心巧思的玲珑，皆代表了中国南方琢玉的精致风格。莹然的璞玉在玉雕大师手中目量意营，进而披沙剖璞，因材施艺，俏色布局，终琢成美器。玉山子浑厚、圆润，如传统山水画作般注重景致层次；琳琅佩玉儒雅、灵秀，方寸间天工开物，尽显玉匠巧思。

Yangzhou Jade Carving and Suzhou Jade Carving are outstanding representatives of Jiangsu's jade carving technique. Yangzhou Jade Carving highlights "yushanzi", a particular mountain and river landscape created on jade. Suzhou Jade Carving is known for the creation of small and elegant jade ornaments.

莹然璞玉

玉料随着昆仑山冰川消融被裹挟而下，在亿万年的时间中磨去瑕疵和棱角，存留下凝聚山川精华的璞玉，沉淀在湍急的和田玉龙喀什河的河床中。

玉雕大师秉承传统，紧跟时代设计风尚，赋予莹然璞玉新的生命。

目量意营

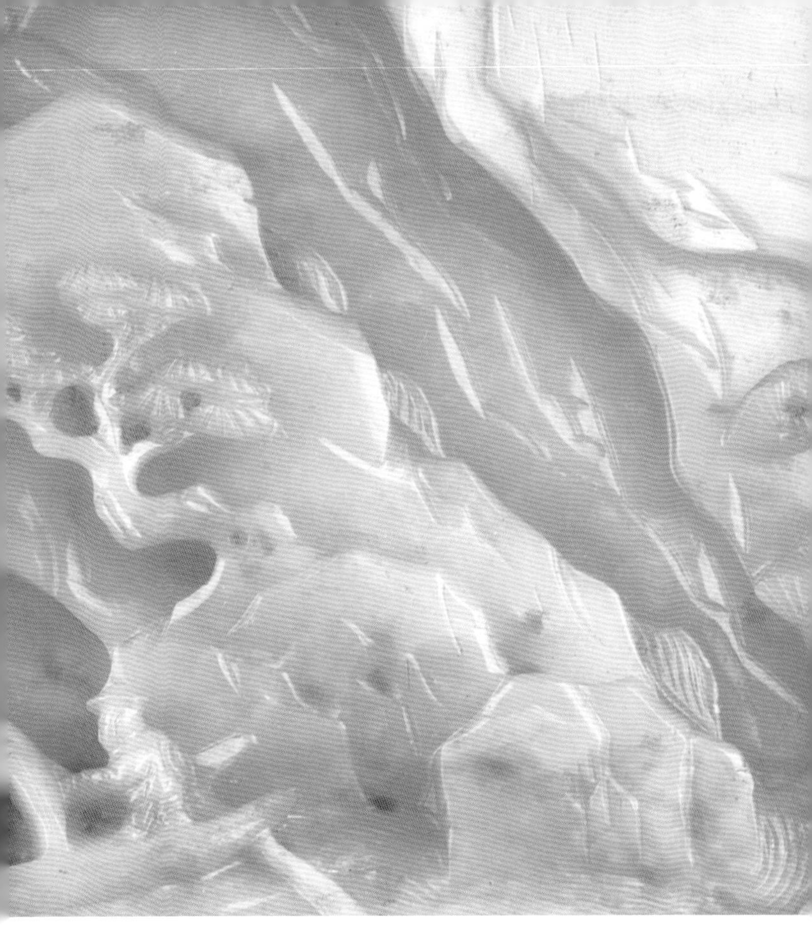

从清中期开始，宫廷盛行大型玉雕。长期受文化艺术浸润的扬州玉工，最擅长以玉为纸，铺陈山川人物故事，这类构图清雅、层次分明的玉作，被乾隆诗誉为“玉图画”。

玉图画紫檀插屏《赤壁赋》
清
南京博物院藏

白玉镂空双筒人物花插

清

南京博物院藏

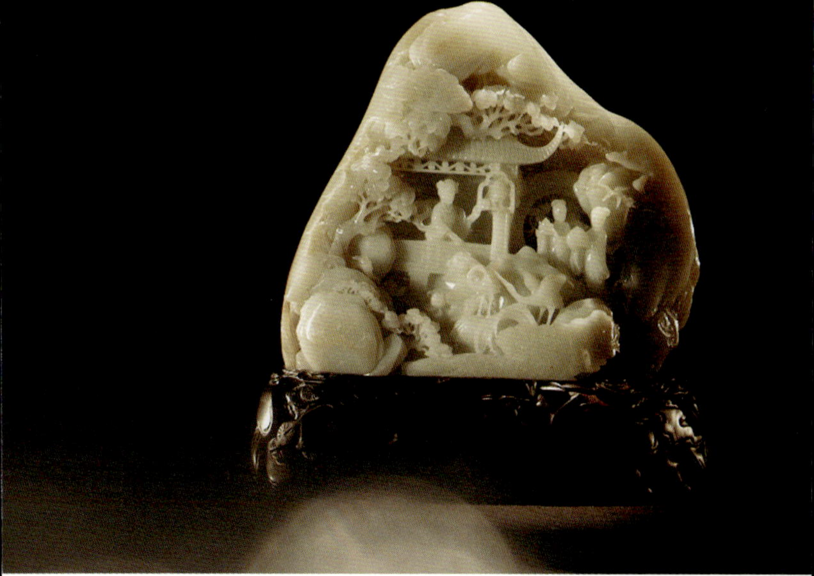

玉山子《园林仕女》
现代

苏州玉雕是“南工”的翘楚，尤以细腻文雅的小型佩饰见长。那些盈盈一握的凝脂琼琳，多取奇思设计，镂空、圆雕和薄意等技艺集于一体，融士人意趣、贯中西艺术。

玉发簪
明
南京博物院藏

蟠螭纹玉搭扣
明
南京博物院藏

四喜螭龙纹玉挂件
明
南京博物院藏

龙凤纹玉挂件
清
南京博物院藏

"Green-Trace" Bamboo Carving

留青竹刻用材极为讲究，一般选用的是竹龄在三年左右的阴山竹，采集时间以严冬为佳，制作过程一般为整型、构思或选择画稿、描图、修改、切边、铲底等，运用浅刻、浮雕等技法，利用薄薄的竹青和衬托竹青的红色竹肌，依据作品的内涵要求，巧施全留、多留、少留、不留的刀下技艺，使作品显出层次、明暗、浓淡而具立体感的艺术效果。竹刻作品的表现形式主要有台屏、挂屏、笔筒、臂搁、摆件、壁挂、插屏等。

Bamboo carving creates a variety of decorative patterns on bamboo objects. This technique involves the use of shallow engraving, relief and other methods to highlight the color and texture of thin bamboo shavings together with the effects of layers, light and shade, contrast, and three-dimensional image.

臂搁《观瀑图》

徐秉方作品

留青竹刻，竹筠洁如玉，竹肌有丝纹。明晦浓淡，因景而施。清末李葆恂《旧学庵笔记》载张希黄竹刻山水臂搁事，“凡云气，夕阳、炊烟，皆就竹皮之色为之。妙造自然，不类刻画”。

臂搁《清白家风》

范遥青作品

扇骨《梅兰竹菊》

徐春静作品

臂搁《秋声秋色》

徐敏作品

01	04
02	05
03	

留青竹刻虽与中国书画在原材料和工具使用上有所不同，但它善于利用中国书画的创作理念、形式及表现手法，“以刀代笔”来体现中国书画的艺术韵味。

留青竹刻制作工艺流程均由无锡市非物质文化遗产保护中心供图

留青竹刻制作工艺流程

01 描图

02 雕刻（圈边）

03 雕刻（平地）

04 雕刻（分层次）

05 整修

光福核雕

Guangfu Olive Kernel Carving

苏州光福核雕工艺繁复，内容丰富，造型精美，具有“精、细、奇、巧”的特点。其作品人物形神兼备，花鸟形态各异，舟船雕刻精细雅致。光福核雕以橄榄核为原材料，制作过程主要包括构思、修核、画线、初雕、复雕、精雕、打洞、打磨、清理、抛光等步骤，技法以浮雕、圆雕和透雕为主。

Suzhou's Guangfu Olive Kernel Carving takes olive nut as the raw material. The techniques include conceiving, sketching, carving, grinding, polishing, etc. The artworks mainly feature human characters, flowers and birds, landscapes, especially in the form of microcosmic boats.

核雕《苏州园林》

周建明作品
苏州市非物质文化遗产保护管理办公室供图

核雕雕刻过程

核雕《踏春游舫》

殷毅军作品

清音雅韵

丝竹之音，婉转幽韵；
梨园风雅，妩媚多姿。
它有着吴侬软语的温柔，
有着高山流水的细腻；
它自然、朴实、优美、清新，
时而自由地抒发，时而规整地叙述，
时而悠缓地抒情，时而欢快地表达。
旋律跌宕起伏，节奏流畅清丽；
绝妙的声音怡人心灵，沁人心脾。
它是江苏的素描，清丽而娟秀；
它是水乡的风情，淳朴而优美。
江苏的清音，江苏的雅韵，
像清澈的泉水，温柔地流过人们的心头，滋润着人们的灵魂。
大音希声，大象无形，
江苏的舞台上，诗、书、琴、画、舞、乐融为一体，
化为具有迷人意境的梦幻景象。

On the wonderful stage of Jiangsu, there are many folk art forms. *Guqin* is one of the Four Arts – along with calligraphy, painting and an ancient form of chess with Chinese scholars over thousands years. Due to the different folk customs and dialects, the traditional music, ballad arts and operas reflect the graceful of southern Jiangsu and forthright of northern Jiangsu.

古琴艺术

Guqin

古琴又称“琴”“七弦琴”，别称“绿绮”“丝桐”。君子修身，琴、棋、书、画，琴居于首。古琴艺术清和淡雅，寄寓了文人凌风傲骨、超凡脱俗的心态。古琴演奏是中国历史上最古老、艺术水准最高，最具民族精神、审美情趣和传统艺术特征的器乐演奏形式。其演奏艺术与风格经历代琴人及文人的创造而不断完善，形成了精彩纷呈的古琴流派。江苏拥有“虞山”“广陵”“金陵”“梅庵”四大琴派，演奏风格各具特色。

Guqin is a plucked seven-string Chinese musical instrument which has traditionally been favored by scholars and literati a an instrument of great subtlety and refinement. Many schools o *guqin* have been established throughout its long history of ove 2,000 years. Yushan, Guangling, Jinling and Mei'an are the fou largest schools in the province of Jiangsu, each reputed for it own style and features.

古琴

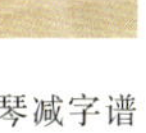

古琴减字谱

陶艺供图

虞山琴派朱晞与学生

虞山琴派创立于明末清初，在继承传统浙派的基础上形成了“清微淡远，博大和平”的风格特征，四百年来盛传不衰，被誉为“古音正宗”。在演奏上强调通过弦、指、音、意间的契合贯通，达到“中正和平”的琴学境界；坚持以“清静”为本的追求，调气以静神，神静则指静，指静则音“清”，乃为大雅之本也。

广陵琴派刘扬

广陵琴派形成于清代初期，早期追求“清微淡远”的境界，又不失自由洒脱的情趣，后强调“音随意走，意与妙合”，最终趋向于“跌宕多变，刚柔相济”的总体艺术风格，兼融南北之长。

金陵琴派始创于明代中后期。曲、歌并重，既肯定琴乐有“音出自然，不喜以文拘之”的一面，也不否定琴乐有“原取文谐音，岂可舍文而就音”的一面；兼取众家之长，融合南北风韵、诸派意趣而又自成一体。

金陵琴派桂世民与学生

梅庵琴派刘善教

梅庵琴派源于山东诸城琴派。1916 年，诸城派琴家王宾鲁经康有为推荐到南京高等师范学校（今东南大学）任教，授琴地点在校内“梅庵”。第一代传人整理、重订先师遗留《龙吟观琴谱》残稿，并易名为《梅庵琴谱》，后于 1929 年在南通成立“梅庵琴社”。梅庵琴派在演奏上重视技巧和节奏，强调音乐的旋律之美，首创琴谱点拍；指法处理则服从琴曲内容的表现；同时，善于利用民间音乐素材，以求雅俗共赏。

Jiangnan Sizhu

江南丝竹

江南丝竹通常以少则三五人，多则七八人的乐队编制演奏短小的乐曲，曲风轻盈明快、细腻委婉、典雅秀丽、柔和清澈。江南地域拥有得天独厚的自然条件和数千年吴越文化，明清以来民间戏曲、说唱、十番吹打的兴盛，极富文化底蕴的人文环境，共同孕育出江南丝竹“小、细、轻、雅”的风格特色。因乐队主要由二胡、扬琴、琵琶、三弦、秦琴、笛、箫等丝弦和竹管类乐器组成，故名“江南丝竹”。

Jiangnan *Sizhu* is a most distinctive form of instrumental music ensemble in the south of Yangtze River. It is typically performed in a scale of three to eight artists and accompanied by string and wind musical instruments such as *Yangqin*, *Pipa*, *Sanxian*, *Qinqin*, flute and *Xiao*. The performance requires great understanding of improvisation and cooperation among the troupe to reach an ideal state of brightness and delicacy.

江苏省演艺集团民族乐团供图

江苏省演艺集团民族乐团演奏

太仓农村丝竹班社在婚礼中演出

江苏省演艺集团民族乐团江南丝竹小组参加“2013 海内外江南丝竹邀请赛”

江南丝竹演奏上讲究相互间的默契配合，传统技法中的“你繁我简、你高我低、加花变奏、嵌挡让路”等手法，包含了人与人之间相互谦让、协调创新的内涵。演奏形式分为“坐乐”和“行乐”两种。“坐乐”为合坐的演奏形式，通常以吹管、丝弦、打击乐器分类排坐；“行乐”指在街会、庙会上，边行走边演奏的形式，一般吹奏乐器在前，弹拉乐器在后。江南丝竹的传统八大名曲为《欢乐歌》《云庆》《行街》《四合如意》《三六》《慢三六》《中花六板》《慢六板》。

Five Haizhou Gongdiao

海州五大宫调是明清俗曲的重要一脉，流传于连云港地区，以【软平】【叠落】【鹂调】【南调】【波扬】五支具有代表性的大调曲牌命名，此外还有一百多首小调牌子曲，统称为“海州宫调牌子曲”。其演唱以自娱为主，坐唱时少则二三人，多则十余人，一人演唱，众人伴奏，也有两人对唱。玩友们多在“小曲堂”聚集，传授曲目，切磋技艺，吟唱取乐。常用的伴奏乐器有二胡、琵琶、三弦、月琴、笛子、箫及碟琴等，尤其是碟琴的伴奏颇具特色，竹筷敲击瓷盘及酒盅互击出的“花点”节奏与丝竹乐声相谐，听来别有一番风味。

Popular in Lianyuangang, Five Haizhou Gongdiao got its name from five representative local tunes. These songs are self-entertained, with one person singing and all the others accompanying. Occasionally there could be two singers. Performers use bamboo chopsticks to tap on porcelain dishes and wine cups to catch the rhythm of *Sizhu*, thus *Dieqin*, a special instrument, is formed.

海州五大宫调演出

海州五大宫调传承人刘长兰

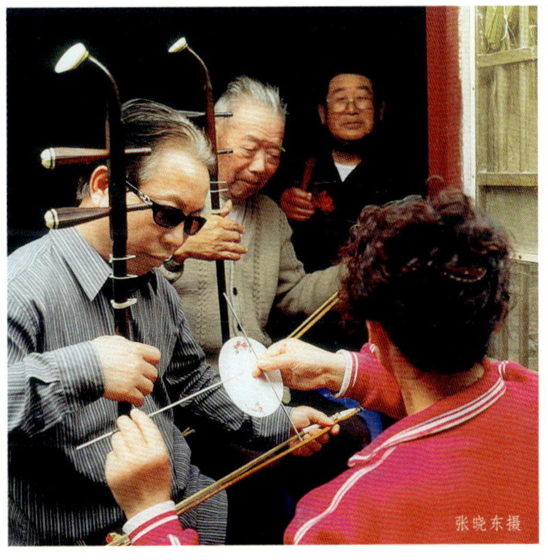

海州五大宫调传承人赵绍康（左二）

一曲《二泉映月》深入人心，令其作者无锡道教音乐代表人物之一华彦钧（“瞎子阿炳”）闻名天下。无锡道教音乐与当地民俗风情紧密相连，又深受苏南十番锣鼓、江南丝竹、吴歌、昆曲、滩簧、小调等民间音乐的滋养，逐渐形成了自己独特鲜明的地域特色，成为广大民众喜闻乐见的娱乐形式。

Nourished by the folk music in southern Jiangsu, Wuxi Taoist Music is closely related to local folk customs, and gradually develops a unique and distinctive style. It is not only a real reflection of local life, but also a firm witness of the transmission of Chinese Taoist culture.

无锡道教音乐馆

无锡市非物质文化遗产保护中心供图

以工尺谱记录的无锡道教音乐

无锡市非物质文化遗产保护中心供图

无锡道教音乐在音乐内容上大致可分为“腔口”（道教科仪进行中法师演唱的部分）、“梵音”（道家曲牌吹打）、“锣鼓”（苏南民间流行的十番锣鼓）三大类型，所运用的乐器主要分为四类：吹管乐器、拉弦乐器、弹弦乐器、打击乐器。无锡道教音乐的存在与流布，不仅是当地社会文化生活的真实反映，也是中国道教文化本土传播形式的有力见证。

在道教仪式中奏乐

无锡市非物质文化遗产保护中心供图

过去的苏州，城里城外都布满了听书的地儿，几乎每家书场都是茶馆，每家茶馆又必有书场。苏州评弹是苏州评话和苏州弹词的总称，诞生于明末清初，吴侬软语，细腻见长，被世人誉为“东方最美的声音”。

苏州评话只说不唱，题材多为朝代更替、军事争战、国家大事、英雄传奇等，俗称“大书”，通常一人表演，注重说、噱、口技、起角色，并借助醒木、折扇、手帕等道具来制造气氛或演示神、形。其传统书目有“长靠书”（如《西汉》《东汉》《三国》《隋唐》等）与“短打书”（如《水浒》《七侠五义》《小五义》等）之分。

江苏省演艺集团评弹团供图

苏州评话演员金声伯

Known as "the most beautiful voice of the East", Suzhou *Pingtan* is a combination of *Pinghua* and *Tanci*. It originated in Suzhou from the middle of the 19th century to the beginning of the 20th century. *Pinghua* is a solo performance of storytelling with no singing while *Tanci* involves both, with two performers sitting playing *Sanxian* and *Pipa*. Many different schools and styles have been formed and inherited by generations of *Pingtan* artists.

苏州弹词既说又唱，题材多属家庭变故、恋爱婚姻、冤狱平反、人情世态等生活常事，故称“小书”，通常为二人操三弦、琵琶自弹自唱的双档，讲究配合默契，注重情感抒发。其书目有长篇、中篇及短篇之分，传统弹词书目多为长篇，如《三笑》《描金凤》《白蛇传》《玉蜻蜓》《珍珠塔》等。

苏州评弹双档金丽生（左）和盛小云（右）

苏州评弹糅合苏州方言，经过长期的锤炼，形成了以说、噱、弹、唱、演为主要手法的表演体系。在“说”的技巧中讲究一个“噱”字，即逗趣、雅谑，反映出苏州评弹雅俗共赏的艺术特点。

苏州评弹的历代名家创造了诸多流派唱腔，目前有陈调、俞调、马调、魏调、蒋调、薛调、徐调、侯调、姚调等二十余种仍在传唱，这些流派唱腔风格迥异、多姿多彩，其中有些流派还体现出相互传承的关系。

苏州评弹

苏州弹词演员邢晏芝

扬州评话

扬州评话始于明末清初，多为一人表演，坐说不唱，以折扇、手帕、醒木等为道具，以扬州方言讲述故事。艺人在创作和表演中注重渲染扬州地方特色，注重口技的运用，尤其擅长即景编词的技巧，表演细节丰富、风趣生动，往往使听众欲罢不能，常有把一部长篇分列回目，说上几年而座无虚席的盛况发生。

扬州评话传统书目分为三类：讲史演义类（如《东汉》《西汉》《三国》《水浒》等）、公案侠义类（如《绿牡丹》《九莲灯》《清风闸》等）、神话灵怪类（如《封神榜》《西游记》《济公传》等）。

Born in late Ming and early Qing Dynasties, Yangzhou *Pinghua* is an art form of storytelling mostly done by only one artist in Yangzhou dialect. The performer sits and often uses a folding fan, a handkerchief and *Xingmu* (a wood block) as props when telling the stories. Many artists spend their whole lifetime on one particular storybook, sometimes even just part of the book. Yangzhou *Pinghua* is famous for its detailed stories and humorous way of storytelling.

江苏省演艺集团评弹团供图

王少堂教授孙女王丽堂扬州评话

扬州评话传承人王丽堂

扬州评话还有一个特点，即艺人往往不是一人兼说多部书，而是用毕生精力只说好一部书，甚至几代人只说好一部书中的一部分，匠人执着专注的精神由此可见。这些书词经过文人的润色加工，大量使用诗、词、赋、赞，体现出了扬州评话极高的文学品位。

徐州琴书

Xuzhou Qinshu

徐州琴书与北京琴书、山东琴书并列为全国三大琴书。因以扬琴为主奏乐器，故名“琴书”。它起源于明代小曲，流传于徐州及其周边地区，又称“苏北扬琴”。演唱形式多样，演唱长篇大书时多为双人档和单人档，演唱短篇曲目和小段时则以多人演唱为主。经过历代艺人积极的艺术实践和众多文人热情的参与，涌现出了大批表现人情伦理、社会公德、惩恶扬善题材的书（曲）目和唱段，如传统书目《王天保下苏州》《九姐出嫁》《李双喜借年》等。

Xuzhou *Qinshu*, which is active in Xuzhou and its surrounding regions, can be traced back to the Ming Dynasty. Performer sang tunes in Xuzhou dialect to tell stories and used *Yangqin* a the main instrument, thus it was named *Qinshu*. Long stories ar often performed in the form of a solo monologue or a dialogu but short ones normally require multiple performers. Xuzho *Qinshu* shows distinctive local features because of its deep root in local people's life.

徐州琴书艺人孙成才（左）与朱邦霞

徐州市非物质文化遗产保护中心供图

徐州琴书传承人魏云彩

徐州琴书传承人魏云彩与学生徐妮娜

徐州琴书的声腔分为“板腔体”和“联曲体”两大体系。板腔体唱腔结构以【凤阳歌】和【二板】两种板式为主体；联曲体曲调更为丰富。音乐声腔既具有南方曲艺的优美、秀丽，又具有北方曲艺的粗犷、激昂。徐州琴书的演唱语言是徐州的方言土语，贴近生活，具有鲜明的地域特色。

南京白局

Nanjing Baiju

南京白局是由明清时期南京云锦的织锦艺人在劳作之余，自娱自唱发展而成的。庞大的织锦艺人群体逐渐把单纯的小曲演唱，发展成了有说有表、有人物、有故事的“曲牌联体”的说唱艺术。因是做工之余演唱不取报酬，为“白唱”，又因唱一场为“摆一局”，故名“白局”。

Nanjing *Baiju* is a traditional type of singing and a form of opera invented by workers in brocade workshops during the end of the Ming Dynasty and the beginning of the Qing Dynasty. With typical Nanjing dialect as its standard pronunciation, Nanjing *Baiju* covers almost every aspect of local society including Nanjing sceneries, cuisines, historical legends, folk customs and native slangs.

南京白局表演形式特殊：一张八仙桌（人多则两三张相拼），桌上放一对花瓶，插时令鲜花，中置香炉燃香，少则一人，多则三五人，操二胡、琵琶、月琴等乐器，配上板鼓、碟盘、酒盅等特色打击道具。说的是最正宗的城南老南京话，唱的是明清俗曲和江南民调。有坐唱、说唱、彩唱等形式。演唱有“文口”和“武口”之分，前者真假声结合，常用于旦角；后者真声，用于生、丑等角色。

1962 年，南京白局剧团演员马敬华表演单口说唱《采芦蒿》

南京市非物质文化遗产保护中心供图

南京白局传承人黄玲玲（中）和学生

南京白局传承人徐春华

南京白局曲词生动风趣，曲种收调众多，唱腔丰富多彩，素有“百曲”之誉。表演内容涉及金陵美景、秦淮美食、历史传说、节气民俗、方言俚语等南京人生活的方方面面。代表曲目有《打议员》《机房苦》《王老头配茶壶盖》等。

昆曲

昆曲又称昆山腔、昆剧，是元末明初的南戏发展到昆山一带，与当地的音乐、歌舞、语言结合而生成的一种声腔，它与浙江的海盐腔、余姚腔和江西的弋阳腔，合称为明代四大声腔。昆山腔原为“平直无意致”的昆山土戏，经魏良辅改良之后在唱法上由强调吐字、过腔、收音，转变为“细腻水磨，一字数转，轻柔婉折，圆润流畅”的风格，故称为“水磨腔”；节奏上将板式放慢，扩展为原板的一倍；伴奏乐器以笛为主奏，加入笙、箫管、三弦、琵琶和鼓板等乐器，以更好地烘托唱腔，营造气氛，塑造人物形象。

Kunqu Opera evolved from *Nanxi* and Kunshan dialect, melody and dances during late Yuan and early Ming Dynasties. As one of the oldest extant forms of oral art, Kunqu Opera is called a "living fossil" and reputed as "master of operas". Accompanied by instruments including flute, *Sheng*, *Xiao*, *Sanxian*, *Pipa* and *Guban*, Kunqu Opera features a subtle and comforting rhythm of singing that reflects the theatrical trait of storytelling through music and dances. Owning a family Kunqu Opera troupe was considered a symbol of high social status and wealth by scholars and officials in the Ming and Qing Dynasties.

昆剧《牡丹亭》

梁辰鱼的《浣纱记》配上昆山腔搬上舞台后获得巨大成功，促进了昆山腔的流行，也奠定了昆山腔的地位；在汤显祖的《牡丹亭》中，柳梦梅和杜丽娘穿越梦境和生死的爱恋，是连岁月也带不走的千古情思，一如昆曲自身的优雅，在一唱三叹的水磨调中起起落落，转眼便跨越了几百个春秋。

江苏省苏州昆剧院供图

昆剧《长生殿》
王芳（右）饰演杨贵妃

昆剧《玉簪记》

昆剧《桃花扇》
钱振荣（左）饰演侯方域，龚隐雷饰演李香君

明清时期，士大夫们视宴饮观戏为不可或缺的精神享受，能够拥有昆曲家班则体现出主人的身份、地位、财富和品位。士大夫们时而于家中厅堂铺设毛毡欣赏堂会，时而乘坐船舫赏戏，时而于古典园林中串戏，将自己的个人情怀与创意投入昆曲之中，促进了昆曲往精英艺术的方向发展。

昆剧《牡丹亭·写真》
孔爱萍饰演杜丽娘

孔爱萍供图

昆曲曲牌展示

石小梅（左）与赵坚为《桃花扇》演出做准备

昆曲既有全本剧，也有折子戏。其音乐属于“曲牌体”，惯以“套曲”形式出现，使用的曲牌有千种以上。经过长期的舞台实践，昆曲在表演艺术上达到了很高的成就，行当分工精细，歌（歌唱）、舞（舞蹈）、介（提示心理、动作、表情）、白（念白）等表现手法高度统一，体现了“以歌舞演故事”的中国戏曲的典型特质，享有“百戏之师”的美誉。六百年来，昆曲从声腔、表演到剧目保留传统，代代相传，被誉为中国戏曲的“活化石”。

昆丑李鸿良化妆

演员化妆

演员候场

施雍容（左）为王芳授戏

施夏明摄

小梅为学生钱振荣说戏

扬剧

扬剧是由“扬州花鼓戏”和“苏北香火戏”吸收“扬州清曲”及当地的民歌小调而形成的具有鲜明地域特色的剧种。扬州方言质朴、生动、表现力强，扬州人民性情风趣、睿智、乐天知命，扬州风情淳朴、闲适、充满俚趣，这些都造就了扬剧活泼、诙谐、夸张的特质。扬剧《僧尼下山》《活捉张三郎》均以喜剧风格表现严肃主题，而表现小人物的喜怒哀乐和日常生活中的诙谐元素也是扬剧所擅长的，可谓俗中见雅，雅俗共赏。经典剧目有《鸿雁传书》《上金山》《恩仇记》《百岁挂帅》《双下山》《小寡妇上坟》等。

Yangzhou Opera formed as a combination of folk songs an dances in Yangzhou region. It is sung in Yangzhou dialec and excels in expressing serious themes through exaggerate and humorous performances. Yangzhou Opera often draw inspiration from the lower classes and reflects ordinary people' daily life.

扬剧《百岁挂帅》

徐秀芳（中）饰演佘太君

江苏省演艺集团扬剧团供

扬剧有三大流派，各具特色。生行女演员金运贵创立的“金派”唱腔以音域幅度窄、字多腔短、似平非平、明快如诉为特色；旦角演员高秀英创立的“高派”唱腔以音域幅度大、吐字如珠、健朗亮丽为特色；旦角演员华素琴创立的“华派”唱腔则采众家之长，刚柔并济、跌宕有致且表演细腻、戏路宽广。

扬剧《巡按还乡》
徐秀芳饰演梅香

扬州市扬剧研究所供图

扬剧《史可法——不破之城》

李政成饰演史可法

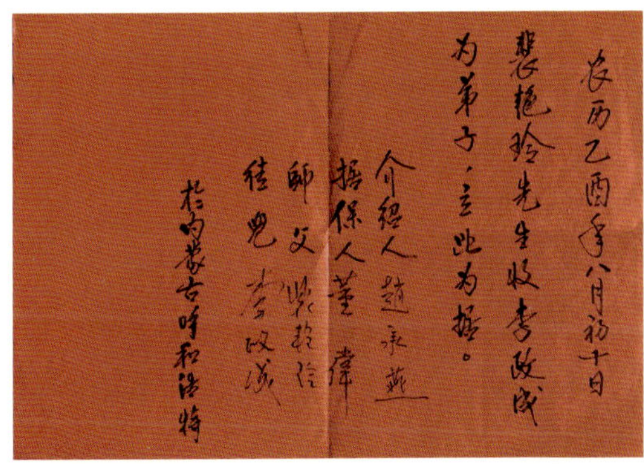

农历乙酉年八月初十日
裴艳玲先生收李政成
为弟子，立此为据。
介绍人 赵永燕
担保人 董伟
師父 裴艳玲
徒儿 李政成
於内蒙古呼和浩特

裴艳玲收李政成为徒的“收徒帖”

扬州市扬剧研究所供图

李政成（右三）收徒仪式

扬州市扬剧研究所供图

淮剧

淮剧，又名江淮戏，起源于苏北盐城西乡（今
湖县），主要流行于长江以北、淮河以南的淮阴、
城、扬州等地区，由民间说唱“门叹词”与“苏北
火戏”相结合，并吸收了里下河“徽班”的艺术精
发展而成，流传至今已有两百多年的历史。

With a history of over 200 years, Huaiju Opera was created i Jianhu County, northern Jiangsu Province, and prevails in citie to the north of Yangtze River and the south of Huaihe Rive including Huaiyin, Yancheng and Yangzhou. Huaiju Opera performed in Jianhu dialect with a full classification of role and is known for its great vocal skills and performance of trag stories.

淮剧传统剧目《金水桥》

主演：杨桂芳、华美琴、张云良、方素珍（左起）

【淮调】【拉调】【自由调】是淮剧的三大主调。淮调高亢激越，诉说性强
大多用于叙事；拉调委婉细腻，线条清新，适用于抒情性的场景；自由调旋律
畅，可塑性强，具有综合性的表现能力。

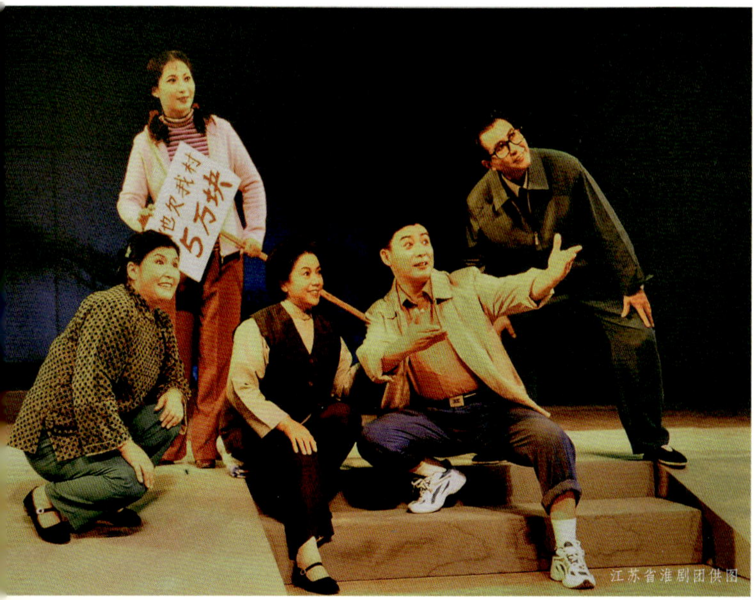
也欠我村
5万块
江苏省淮剧团供图

剧《十品村官》
演：王书龙（右二）

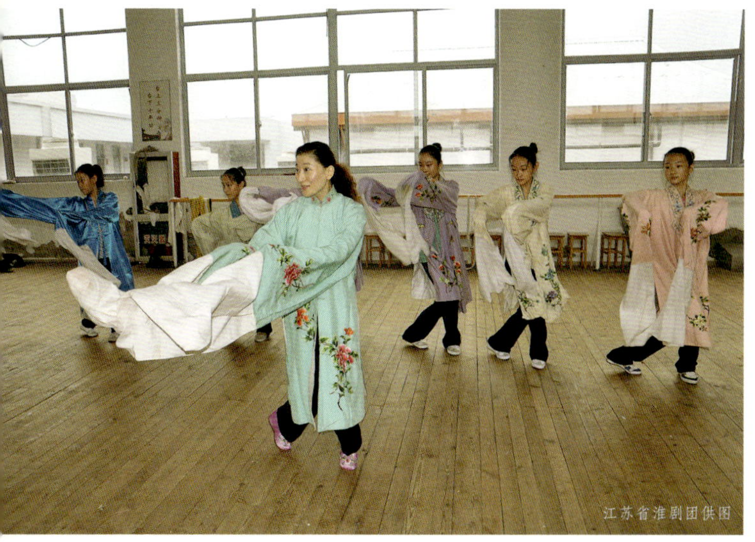

江苏省淮剧团供图

剧传承人陈澄为学员教“身段”

古装淮剧《赵五娘》

主演：陈德林、黄素萍

淮剧的舞台语言和音韵以建湖方言为标准，十二道音韵中将入声字单独列韵，为其独有。不同于一般的地方小戏，淮剧行当齐全，文武皆备，“袍带”“靠把”戏气势浩大。淮剧擅长表现悲剧，以唱功见长，一连几十句、上百句，紧扣剧情、出彩不断的即兴演唱，是淮剧声腔的一大特色。传统剧目有以《兰桥会》《陆志春赶考》等剧中人物命名的“九莲”“十三英”，以及《土牢记》《荆钗记》等“七十二记”。

代淮剧《小镇》
演：陈澄（左）、陈明矿

Xiju Opera

锡剧

锡剧是吴文化的重要组成部分，至今已有两百多年的历史。它起源于当地的民歌小曲，逐渐发展成由艺形式的“滩簧”，之后又吸收了民间舞蹈《采茶灯的身段，1954 年定名为锡剧。锡剧的声腔、语言、服饰及表演等都蕴含着鲜明的江南地域特色。

Xiju Opera is an important component of Wu Culture, all of it vocal skills, stage language, attires and motions an embodimen of Wu characteristics. Xiju Opera originated from folk lyric and was then developed into *Tanhuang*, a form of local opera. I was later improved by adding in folk dances as a major element reflecting the delicacy of people in water townships.

锡剧《珍珠塔》

周东亮（右）饰演方卿，董云华饰演陈翠娥

锡剧的声腔基本是上下句的板式变化体结构，常在上下句之间插入一段或长或短的清板，颇有江南吴歌遗韵。除了【簧调】【大陆调】【铃铃调】三大主要调系外，锡剧声腔还从其他兄弟剧种和江南民间音乐中吸收了多种曲调，其声腔系统更加丰富多彩，涌现出了姚（澄）派、王（兰英）派、沈（佩华）派、王（彬彬）派、梅（兰珍）派、王（汉清）派、吴（雅童）派等众多艺术流派。传统剧目有《双推磨》《庵堂相会》《珍珠塔》《双珠凤》《孟丽君》《拔兰花》等。锡剧剧目内容贴近生活，表演纯朴细腻，声腔优美流畅，体现了江南水乡人民纯朴灵秀的品质。

王彬彬传艺给儿子小王彬彬（王建伟）

小王彬彬（王建伟）传艺给儿子小小王彬彬（王子瑜）

锡剧《金玉奴》

黄静慧（左）饰演金玉奴

2015 年南京博物院“锡剧联盟精品剧目展演”中各流派名角合演《珍珠塔》谢幕照

倪同芳与江苏省戏剧学校锡剧班的学生

毛建平摄

Huaihai Opera

淮海戏

淮海戏以板三弦伴奏，又称“三刮调”，属于拉魂腔系统，主要流行于江苏北部的连云港、徐州、宿迁一带。淮海戏唱腔明快爽朗、优美动听，乡土气息浓厚，以板式唱腔为主，兼唱部分民间小调。男女同弦异腔，女腔以【好风光】为基本腔调，男腔以【东方调】为基本腔调。土生土长的淮海戏多为民间生活小戏，它的唱、念、做、表均平实易懂、幽默风趣，载歌载舞尤显生动，既有北方剧种的粗犷豪放，又有南方剧种的温柔婉约。

淮海戏的传承以家族传承为主，师承为辅，并由此形成了家族性的班社，至今传承已达十代以上，形成了老生谷（广发）派、青衣杨（秀英）派、丑角杨（云发）派和花旦范（珍美）派等不同行当的四大流派。传统剧目有《樊梨花点兵》《皮秀英四告》《罗鞋记》《催租》《骂鸡》等三十二整本、六十四单出。

江苏省淮海剧团供图

淮海戏《皮秀英四告》
吴玲饰演皮秀英，祁树荣饰演李贤明

毛建平摄

淮海戏《三拜堂》
魏佳宁饰演史策

Huaihai Opera is a form of local traditional Chinese theatre which combines music, hilarious vocal performance, and dance with *Sanxian* as the main instrument. It's popular in Lianyungang, Xuzhou and Suqian. Most of the works are in a heavy rural style and focused on the life of ordinary people. It is passed down mainly through family inheritance, thus performances are usually done by family troupes. Now the inheritance of Huaihai Opera has witnessed more than ten generations.

淮海戏《秋月》

许亚玲饰演秋月

淮海戏《催租》

朱红燕饰演双姐，魏佳宁饰演张福来

Liuqin Opera

柳琴戏

柳琴戏的历史可追溯到明末清初，因其曲调优美，演唱时尾音翻高或有帮和，所以也叫“拉魂腔”。江苏的柳琴戏由柳琴戏的中路及东路衍化而来，主要流行于以徐州为中心的苏北一带，其音乐既有南方的清丽秀雅，又有北方的热情激越，当地更有“三天不听拉魂腔，吃饭睡觉都不香”的说法，听柳琴戏是一代代农民在生产生活中不可或缺的精神享受。

柳琴戏的表演程式是从生活中提炼出来，摘取了“压花场”中的动作，表演粗犷朴实，节奏明快，乡土气息浓厚，身段、步伐多具有民间舞的特点；唱腔色彩丰富，结构独特，它的组腔方法既不同于板腔体，也不同于曲牌体，而是用基本腔、色彩腔、民歌小调三种富有个性和色彩的曲调，相互穿插、功能互补来组成喜怒哀乐、轻重缓急的多种唱段。传统剧目有《喝面叶》《小书房》《张郎与丁香》等。

柳琴戏《解忧公主》
王晓红（左一）饰演刘解忧

Liuqin Opera emerged during late Ming and early Qing Dynasties. It is also known as *Lahunqiang* (a tune that pulls souls back) because there is always an extension of the last tune during its performance. Liuqin Opera is widely spread in northern Jiangsu, but its tune contains both the delicacy from the south and the ardor from the north. Local residents even came up with a saying: "Three days without eating or sleeping we will survive, but three days without *Lahunqiang* we'd rather die."

柳琴戏《走娘家》
朱树龙（右）饰张三，王晓红饰王桂花

20 世纪 70 年代柳琴戏演出

柳琴戏兵器道具

京剧

京剧融合了徽剧、汉调、昆曲、秦腔的艺术精华，至今已有约二百年的历史，也是我国最具影响力的剧种之一。腔调以西皮、二黄为主，用胡琴和锣鼓等伴奏，讲究唱、念、做、打“四功”和手、眼、身、法、步“五法”，被视为中国国粹。在京剧的生、旦、净、丑四大行当中，“旦行”是女性角色的统称，又分为正旦、花旦、闺门旦、武旦、老旦、彩旦、刀马旦等。在京剧发展史中，旦行人才辈出，流派纷呈，最初的旦行演员为男性，亦称乾旦。梅兰芳、程砚秋、尚小云、荀慧生是京剧旦角行当中四大艺术流派的创始人，被称为“四大名旦”。

祖籍江苏泰州的梅兰芳集京剧旦角艺术之大成，融合了青衣、花旦、刀马旦等行当，创造出独特的表演形式和唱腔，称为“梅派”，代表剧目有《贵妃醉酒》《天女散花》《宇宙锋》《打渔杀家》等；而荀慧生的“荀派”塑造的艺术形象娇媚甜美，演唱行腔柔婉，道白中京白、韵白搭配恰到好处，身段表演活泼出彩。传统剧目有《金玉奴》《花田八错》《游龙戏凤》等。荀派传人遍布全国，江苏京剧表演艺术家宋长荣1961年正式拜荀慧生为师，是当今具有突出成就的荀派传人中唯一的乾旦。

Peking Opera is one of the most influential theatres in China and has been regarded as the National theatre. The roles on the stage fall into four major types – *Sheng*, *Dan*, *Jing* and *Chou*. The *Dan*, also known as *Qiandan*, refers to any female role in Peking Opera. In the early years, all *Dan* roles were played by men, among which Mei Lanfang, Cheng Yanqiu, Shang Xiaoyun, and Xun Huisheng are the four biggest names.

荀派名剧《红娘》
宋长荣饰演红娘

京剧《红楼二尤》

宋长荣教授弟子朱俊好《花田八错》

京剧《红菱艳》

黄孝慈饰演红菱女

京剧《天女散花》
李亦洁饰演天女

江苏省演艺集团京剧院供图

杖头木偶戏

Stick Puppetry

杖头木偶戏俗称“三根棒”，是由表演者依托一根命杆和两根手杆进行操作表演的艺术，始于唐代。唐代韦绚《刘宾客嘉话录》曾载“大司徒杜公在维扬入市看盘铃傀儡”，其中，维扬即扬州，而杜公即指杜佑，“盘铃傀儡”是当时傀儡戏的一种。清代扬州的木偶戏空前繁荣，不仅演出频繁，其种类也更加丰富，集布袋木偶、提线木偶、杖头木偶和水傀儡之大全

Stick Puppetry is a form of performance first appeared in th Tang Dynasty. This show integrated features of several theatre including Kunqu Opera, Huiju Opera and Peking Opera, an eventually developed its unique style. Puppeteers use thre sticks to manipulate puppets in the shape of human or anima figures to present various facial expressions, motions and poses.

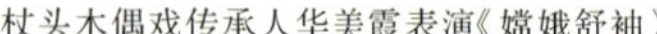

杖头木偶戏传承人华美霞表演《嫦娥舒袖》

杖头木偶戏传承人颜育表演《长绸舞》

杖头木偶戏传承人许虹表演《变脸吐火》（左上）

杖头木偶戏《扇韵》（右上）

杖头木偶戏《书画双绝》

杖头木偶戏吸收了昆、徽、京等诸多剧种表演之长，经长期打磨而形成了独特的表演技艺。演员需练好托举木偶的“托举功”，操纵木偶的“扦子功”，掌握各种人物步伐特征的“台步功”等基本功。此外，独特的“水袖功”“扇功”“长绸功”“书画功”等，更成为杖头木偶戏表演艺术的一大亮点。灵活的表演形式，浓郁的地域特色与亲和力，都使得杖头木偶戏成为老少皆宜的剧种之一。

锦绣霓裳

江南佳丽地，金陵帝王州。

两千多年来，六朝古都阅尽人间繁华，
南京的情怀在桨声灯影中折射，
在云锦霓裳中铺舒。
南京云锦灿若云霞，雍容华贵，蕴含着丰富的文化信息。

苏州是丝绸之府，锦绣之乡，
秀美的土地孕育了苏绣、缂丝和宋锦技艺。
苏绣以精、细、雅、洁为特点；

缂丝制作精良，古韵典雅，艳中带秀；
宋锦质地精美，工艺独特，细致雅洁。
织绣是江苏的瑰宝，

有着工艺、文化、科技等多重内涵和重要价值。
千百年来，它以活态方式传承演化，
与江苏人民的生活紧密交织，

凝聚着江苏人民的集体智慧，积淀为一种独特的地域文化记忆，
代表着江苏的艺术品质——精致、文雅、秀美、和谐。

The brocade and embroidery in Jiangsu area is the leading of China, which has two of "three Jiangnan silk factories" in royal family during the Qing Dynasty. Among all kinds of silk fabrics, Yunjin Brocade and *Kesi* are the most precious, also Yunjin Brocade and Song Brocade are two of the "three finest brocades". Suzhou Embroidery is ranked first of China's "four famous embroideries" and it is a collective name for all embroideries that are produced in and near Suzhou. Blue Calico is a traditional textile printing and dyeing craft in Jiangsu province, which is one of the "four indigo dyeing".

蚕桑丝织技艺是中国的伟大发明，
对中国历史做出了重大贡献，
并通过丝绸之路对人类文明产生了深远影响。
江苏地区自古以来丝织技艺全国领先，
清代的“江南三织造”中江宁织造与苏州织造均出自江苏。
南京的云锦织造技艺、苏州的缂丝和宋锦织造技艺，
都是中国蚕桑丝织技艺的杰出代表。
云锦、缂丝都是极其珍贵的纺织品面料，
云锦、宋锦在中国古代“三大名锦”中占据两席。

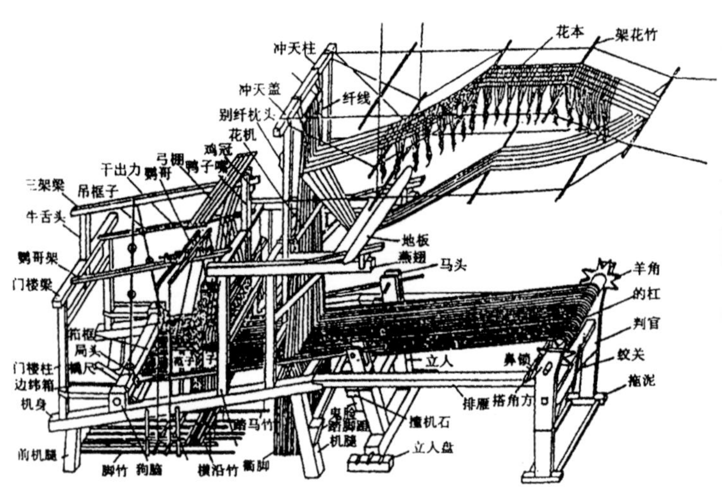

《天工开物》中织造云锦的大花楼提花机

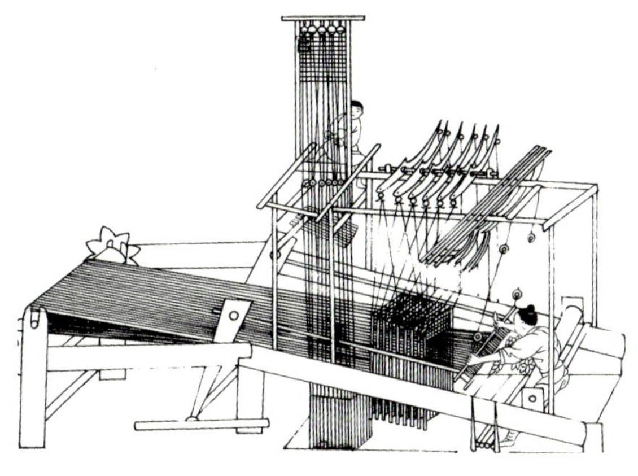

《天工开物》中的宋锦花楼织机

缂丝

Nanjing Yunjin Brocade

南京云锦因“灿若云霞”而得名，其织造技艺是中国传统织锦技艺最高水平的代表，为中国古代“三大名锦”之首，素为皇家御用贡品。云锦织造时，由拽花工和织手两人相互配合手工织造，一天只能织5厘米左右，故有“寸锦寸金”的美称。云锦织造是一项严密而系统的工程，其中“挑花结本”工序可谓中国最早的“程序控制系统”。

Nanjing Yunjin Brocade got its name because it is as splendid as the rosy clouds in the sky. Ranked first in the "three finest brocades" and produced only for the royal family, its superb weaving techniques represent the highest level of ancient Chinese craftsmanship. Nanjing Yunjin Brocade can be woven only for about five centimeters per day, therefore gaining the reputation of "one inch brocade deserves one inch gold". Still, its craftsmanship cannot be completely replaced by modern machines.

金文供图

金文供图

描意匠

挑花结本

“挑花结本”是用古老的结绳记事的方法，以线为材料，把花纹图案色彩转变成程序语言，进行储存纹样程序的创作设计过程。上机织造时，织机上坐着的拽花工要按过线顺序提拽，再通过机下坐着的织手织造云锦。“挑花结本”工艺难度极大，所制成的“花本”是将纹样由图纸过渡到织物的桥梁。

绿缎地织金妆花云蟒纹戏袍

清乾隆

南京博物院藏

纹刀织扁金

挖花盘织

妆孔雀羽

大部分妆花织物除了用彩色纬线“挖花盘织”外，还要织入价值昂贵的扁金线、圆金线。有时，妆彩会用动物羽毛做彩线，其中以妆孔雀羽最为典型。

妆花——“海水江崖”

“妆花”是云锦中织造工艺最为复杂的品种，通经断纬，逐花异色，变化丰富，在云锦织造技艺中至今仍不能被现代机器所替代，曾大量运用在明清龙袍等高档织物上。

红缎地织金妆花云蟒纹戏袍（局部）
清乾隆
南京博物院藏

苏州地区的缂丝是一种“通经断纬”的古老丝织
技艺。织物在图案轮廓、色阶变换处，有“承空观之
如雕镂之象”的透雕效果，就像用小刀划刻过，呈现
出空透或断痕，因此得名“缂（刻）丝”。

During the Southern Song Dynasty, *Kesi*, a type of ancien
weaving technique of “cutting silks”, became popular in th
Suzhou area. Its name comes from the appearance of lightnes
and cut threads, like scratched by a knife, at the places where th
patterns or colors begin to transform. *Kesi* is mostly used in top
grade silk arts and is crowned as “the holy of all silks”.

局部透雕效果

缂丝《福寿图》轴

清乾隆

南京博物院藏

打纬

缂织

缂丝多用于高档丝织艺术欣赏品，
南宋时期开始流行于苏州地区，
题材多为文人字画，秀美典雅，
被誉为“织中之圣”。
由于织造工序繁复，
向有“一寸缂丝一寸金”之称。

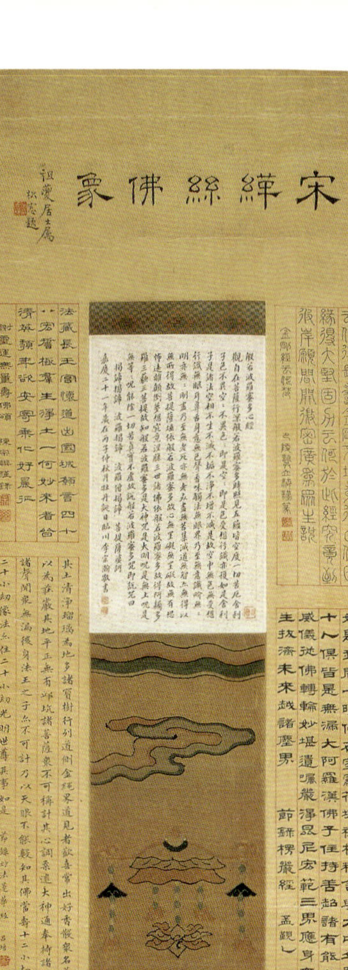

革丝《佛像图》轴
有宋
有京博物院藏

缂丝《麻姑像》
清乾隆
南京博物院藏

缂丝《群仙祝寿图》
清
南京博物院藏

蓝地缂丝云蟒纹袍
清
南京博物院藏

Song Brocade

宋锦为宋代发展起来的织锦品种，与南京云锦、四川蜀锦并称为中国古代“三大名锦”，主要产地在苏州。其基本特点是采用了经线和纬线联合显花的组织结构，应用了彩抛换色的独特工艺，质地轻薄精细，风格古朴典雅，尤其是应用于书画类的装裱时，美丽的织锦与高雅的书画艺术相得益彰，成为具有中国传统文化意蕴的独特载体。

Originated from Song Dynasty and mostly produced in Suzhou area, Song Brocade is one of Chinese “three finest brocades”. Due to its soft and fine texture and its simple and elegant style, Song Brocade has become a special carrier of Chinese traditional culture and is often used to mount calligraphy and paintings, showing a perfect match of the beautiful fabric with the elegant Chinese arts.

苏州织圣丝绸科技中心供图

投梭盘织

纬线原料

梭子排序

在机呈锦

龟背花卉纹宋锦

四合如意云纹宋锦册封（局部）
清
南京博物院藏

八仙棋格纹宋锦册封（局部）
清
南京博物院藏

黄地万福纹宋锦（局部）

清

南京博物院藏

Suzhou Embroidery

苏绣

苏绣是以苏州为中心的江苏地区刺绣品的总称，是中国传统的“四大名绣”之一。苏绣以其工艺精秀雅致著称于世，为清代皇家御用“江南三织造”中的一类。清末民初，苏绣艺术大师沈寿根据西洋摄影和美术之光影技法，大力革新了传统苏绣，创立了“仿真绣”（亦称“沈绣”），奠定了当代苏绣的基础。此后，历代名家不断努力，创造出自由粗放的乱针绣、精细入微的精微绣，以及蔚然古风的写意绣等不同题材风格的苏绣门类；在工艺上，创造了苏绣独特的“单面绣”“双面绣”“双面三异绣”等。

上绷刺绣

Suzhou Embroidery is one of China's "four famous embroideries" and it is a collective name for all embroideries that are produced in and near Suzhou. It pulls colored threads with needles to stitch exquisite patterns through the background fabric. Suzhou Embroidery's delicate and elegant craftsmanship entitles it to be the royal weaving products in Qing Dynasty. Its distinctive double-sided embroideries can present different patterns, stitch styles and colors in both sides of fabrics.

《耶稣像》（局部） 沈寿
清末民初
南京博物院藏

《女优倍克像》 沈寿
清末民初
南京博物院藏

苏绣《孔雀牡丹》

姚惠芬作品

苏绣《水巷之晨》

姚惠芬作品

苏绣《郎世宁〈午瑞图〉》

姚惠芬作品

Blue Calico

蓝印花布是一种极具江苏特色的传统民间印染工艺产品，历史悠久，属于中国古代“四大缬”中的灰缬。制作时通常选用白色布，用黄豆粉和石灰粉为染浆，刻纸为版，滤浆漏印，待干后，将布浸入蓝靛，晾干后刮去防染浆即成。

Blue Calico is a traditional textile printing and dyeing craft in Jiangsu Province. It often uses white cloth as the raw material, soy flour and lime powder as the dyeing paste and engraved paper as the model. After filtering and drying the paste, the white cloth will be immersed in the blue indigo and then dried. The Blue Calico will finally appear after scraping the resist paste.

吉庆有余纹蓝印花布被面图案

南通蓝印花布博物馆供图

刻花版

刻花版工具

蓝印花布的纹样图案以植物花卉、动物纹样和几何图形为主，
寄托着民众对美好生活的向往，
展现了他们朴素的审美情趣。

刮浆

刮浆后晾晒

简单的蓝白两色，
构成一个淳朴自然、千变万化、绚丽多姿的艺术世界，
鲜明而和谐的蓝白之美闻名于世。

下靛

靛缸

王云摄

王云摄

王云摄

王云摄

染色

王云摄

刮白前的蓝印花布

晾晒

[illegible]新、吴[illegible]键供图

水乡饮馔

水绿千顷，稻香万里，
江苏历来是中国东部的重要粮仓，
素有鱼米之乡的美誉。
纵横的水网和充足的物产，
为江苏的饮食文化提供了丰沛的资源。
馥郁的乡土韵味，散发着劳动人民淳厚的生活气息；
精美的色香味形，折射出中国烹调技艺的高超精妙。
江苏菜系为汉族八大菜系之一，
由扬州、南京、淮安、苏州、无锡、徐州等地方风味构成，味正醇和。
江苏的饮食技艺随着时代而发展，
擅长炖、焖、蒸、炒，重视调汤，保持原汁，
风味清鲜，浓而不腻，淡而不薄，
酥松脱骨而不失其形，滑嫩爽脆而不失其味，
是中国饮食文化的重要组成部分。

Jiangsu is an important "granary" in southeast China, known as a "land of abundance". Jiangsu has four distinctive seasons, crisscross of water system, and vast land for the growth of a rich variety of culinary resources. Jiangsu cuisine features exquisite colors, lingering flavor, aromatic attraction, and creative shapes, reflecting the masterful techniques of Chinese cooking.

江苏淮扬菜作为中华八大菜系之一，胜在水，胜在融，胜在久。

胜在水，所谓水，就是有江河湖海之利。无论是扬子江，还是太湖、洪泽湖、骆马湖，以及浩瀚的东海、黄海，均以物产丰富著称。历史上的文人墨客，做客江苏后往往以重彩的笔墨，描写他们品尝的江鲜、湖鲜和海鲜。那两句“蒌蒿满地芦芽短，正是河豚欲上时”，就是东坡先生驻足江阴时所写。鲥鱼、刀鱼、河豚，乃长江下游著名的早春三鲜；白鱼、银鱼、白虾，是名闻遐迩的太湖三白；阳澄湖的大闸蟹则更不用说，是全世界老饕的心中美味。

胜在融，是因为大运河和长江均是古代交通要道，千舟竞发，万楫往还，商贾、士人、官员熙来攘往，会合交融了东西南北的美味佳肴。是故，淮扬菜集众家之长而成，口味集南北风味而聚。

胜在久，江南自古为鱼米之乡，风调雨顺，百姓富裕而安定。丰收之余，酿酒、制酱、腌菜、做糕团，乐此不疲。民间婚合之礼、添丁之喜、增寿之乐，无不延请地方善于调理餐饮者前来助兴。久而久之，即使村野农夫，往往也烧得一手好菜。苏帮菜、锡帮菜、常州菜的由来，此亦为基础耳。

Jiangsu's Huaiyang Cuisine, as one of the eight major cuisines in China, originated in Yangzhou and Huai'an. Since the Grand Canal and the Yangtze River had been ancient hubs of transportation, merchants, scholars, and officials were gathered and created a unique demand for a cooking style that beautifully blended southern and northern culinary cultures.

扬州市烹饪协会供图

长鱼软兜

淮扬名菜“长鱼软兜”的烹制过程并不复杂，但要将它做出特点，做到完美并不容易。从选料、汆制、取肉、烫鱼，到烹饪时的调味、勾芡，每一道工序都有严格的要求。软兜做好后的嫩度尤佳，筷子一夹，鳝丝两头便柔软地垂下，然而芡汁却点滴不会漏下，全部兜住，故名软兜。在淮安有著名的“全鳝席”，此席已列入省级非物质文化遗产名录。由108道菜肴组成的长鱼席中，第一名非“长鱼软兜”莫属。

狮子头

淮扬菜系中，扬州狮子头是一道主要菜肴，古往今来的人，均爱品尝这道名肴。这道菜的烹制有三个要点：第一是选料讲究。必须选用肥瘦合适的新鲜猪肉作为原料。太瘦则柴，太肥则腻。第二是猪肉必须手工切条而后手工剁碎、剁匀，用现代工具加工的肉糜做出来的狮子头完全不能达到传统工艺拌出的口感。此外，在拌狮子头的过程中也必须手工。第三，狮子头必须在高汤中急火成形，慢炖入味。其拌制时的佐料有蟹黄、料酒、酱油、姜丝等。

扬州市烹饪协会供图

大煮干丝

淮扬名菜，以刀工细腻、高汤清亮、入口软嫩著称。扬州名厨，第一关大约就是刀工。往往用豆腐来考验功力，豆腐本就柔嫩，稍不小心，就会切碎。故而用刀之际，心要静，手要稳。常练常切，熟能生巧，到后来则完全凭的是感觉。2 厘米厚的豆腐，可以片出 30 层来。干丝切得细，烫时口感才会好。而这道菜的高汤，完全用老母鸡来吊成。汤一遍遍氽，一遍遍浓。汤浓但不能浊，越是好汤，越是清亮。到后来，豆腐干丝放进滚烫的高汤中，一口干丝一口鸡汤，口味浓郁而清香，再配以虾仁、香菇丝、嫩菜心，于是就成了一道名菜。

扬州炒饭

常用隔夜饭制作，配料有虾仁、青豆、火腿丁、香菇丁、鸡蛋、红椒青椒丁、笋丁等。制作要点是，炒时必须要把饭粒彻底炒开，并和其他配料翻炒均匀。达到火候均匀，口味均匀，配料和米饭均匀方可。

扬州市烹饪协会供图

扬州市烹饪协会供图

三丁包

富春茶点中，以三丁包最为有名。所谓三丁，为鸡丁、猪肉丁、冬笋或春笋丁。时至今日，三丁包中除了以上三种主料，还有香菇丝、火腿丁，以及其他清鲜脆嫩的原料。包子的面块用酵母处理过，故而松软香糯。包裹时，包子表面的褶子必须达到二十多道，如此既美观，口感亦好。富春三丁包是淮扬菜系茶点中最有特色的点心之一。

扬州市烹饪协会供图

江鲜

寒冬去尽，春暖花开，在江南品尝著名的长江三鲜，即鲥鱼、刀鱼、河豚，是自古以来文人的美好愿望。

众所周知，河豚剧毒，烹制时必须清理干净，否则如江南俗语所云“拼死吃河豚”，还是有风险的。但江苏的先民艺高胆大，能够把剧毒食材烹制成美味佳肴。如今扬中、江阴、武进、靖江四县，仍然以吃河豚宴为荣。究其原因，还是河豚肉实在鲜美无比，让人无法拒绝。至于刀鱼，清明节前，其肉鲜美而细腻，在所有鱼中，恐怕难有出其右者。而且，刀鱼的鱼架也可油炸而食，十分爽口。

When spring breeze melts away the winter ice, it is time to taste the “three freshness” of Southern Jiangsu: shad, saury, and puffer fish. It has been a “dream treat” among literary masters since ancient times. Jiangsu’s Yangtze River Cuisine is renowned for its freshness and delicacy in taste, which has a special requirement for “being in season”.

金花菜红烧河豚

听松楼供图

史上著名美食家东坡先生为我们留下了三首咏江鲜的诗词：

芽姜紫醋炙鲥鱼，
雪碗擎来二尺余。
尚有桃花春气在，
此种风味胜鲈鱼。

溶溶晴港漾春晖，
芦笋生时柳絮飞。
还有江南风物否，
桃花流水鮆鱼肥。

竹外桃花三两枝，
春江水暖鸭先知。
蒌蒿满地芦芽短，
正是河豚欲上时。

清蒸刀鱼

听松楼供图

三首诗中，刀鱼和河豚是清明前的时令佳肴，只有鲥鱼四季可食。可惜因环境变化，长江中已难觅鲥鱼身影。如今，长江三鲜已改为河豚、刀鱼和鮰鱼。

长江三鲜，除了在我们的家乡，哪里还能品尝到这么美味的佳肴？

湖鲜

江苏的湖泊大者如太湖、洪泽湖，小者如石臼湖、长荡湖、阳澄湖、天目湖、高邮湖、骆马湖。星罗棋布，如大小珍珠般散落于江苏的平原和山间。这些美丽的湖泊物产丰饶，于是便有了湖鲜。

Jiangsu has both large lakes, such as Taihu Lake and Hongze Lake, and small ones, such as Shijiu Lake, Changdang Lake, Yangcheng Lake, Tianmuhu Lake, Gaoyou Lake, and Luoma Lake. They decorate the land of Jiangsu like pearls of various sizes. These beautiful lakes are also sources of delicious lake cuisine.

封缸酒蒸毛脚蟹

非常大酒店供图

谈江苏湖鲜，少不了阳澄湖的大闸蟹。青背、白肚、金毛金爪的大闸蟹，用什么来佐餐呢？吴江的铜罗黄酒，还是张家港后塍黄酒？又或者常熟的王四桂花酒？至于蒸法，别处都是用清水蒸，其实呢，用金坛封缸酒蒸大闸蟹味道尤其好。笼内放一点姜、醋，蒸熟后肉紧味香，比平常的做法要美出几条街去。

清蒸太湖白鱼

盐水白虾

银鱼炒蛋

最有名的湖鲜当然是太湖三白：白鱼、白虾和银鱼。在太湖的马山半岛，寻一处船店，在缓缓摇晃的船舱里，看船家手脚麻利地捞鱼捞虾，然后水洗清理，放入锅中，葱香味、姜香味一阵阵扑鼻而来。嘬一口江南黄酒，品一筷入口即化的白鱼和有咬劲的白虾，鸡头米，菱角，荸荠，嫩嫩的水芹，透亮的银鱼羹一盘盘端上来，再心满意足地欣赏太湖畔的十八弯风景，真可谓人生如此，夫复何求。

江苏是鱼米之乡，风调雨顺，生活安乐，自然经济十分发达。民众日出而作，日落而息，种田之余，很多人爱到河塘里捕鱼、摸虾、拉田螺，所以江苏的家常菜中常有黄鳝、小虾、螺蛳、螃蜞等小水鲜。烧鱼是江苏人的拿手戏。早在2500年前，刺客专诸就做得一手好鱼，公子光用他做诱饵才篡权成功。传统的鱼菜有松鼠鳜鱼、葱烤鲫鱼、清蒸白鱼等。近十年来，天目湖鱼头汤也开始享誉全国。

Known as “a land of abundance”, Jiangsu enjoys favorable climatic elements, peaceful lifestyle, and developed natural economy. The local people have developed a pace of labor and rest that resembles the orbit of the sun. In their leisure time, peasants would like to go fishing and shrimping on rivers and ponds, so the home-style cooking is always remembered for the wonderful taste of eel, shrimp, snail, crab and other small aquatic products. Water plants, such as water chestnut, lotus root, Gorgon fruit, reed rhizome, Artemisia, and water celery are also main ingredients of Jiangsu’s home-style cooking.

Speaking of home-made delicacy, it is worthwhile mentioning brown sauce braised pork. From all across Jiangsu, the cooking of this meat dish never stops teasing your taste buds even at the most regular farmhouse.

天目湖宾馆供图

天目湖砂锅鱼头

长荡湖松鼠刺虎鱼

香糟白条

红烧甩水

划水鱼圆汤

手撕戴溪咸青鱼

菱角鲍鱼红煨肉

江南水边多红菱、茭瓜、莲藕、
鸡头米、芦根、芦蒿、水芹等水产，
它们也是江苏家常菜的主角。

渔家佛跳墙

家乡腻蟹糊

蟹粉粒粒珍珠圆

府前楼供图

蟹粉鱼肚

广缘大酒店供图

醉蟹

说到家常菜，最值得一提的还是红烧肉。江苏大地，无论苏南苏北，随便找一家农户帮忙做饭，红烧肉的烹饪水平都不会差。苏南做红烧肉流行“干锅十八烧”的方法，即把切成大块的猪肉用稻草捆十字，热锅稍煸，加料酒或酒糟、姜片，待变色后，加酱油和少许醋、茴香、八角，最后放糖。锅中拌匀后加啤酒，然后封盖。此后用稻草捆一团一团地送进灶洞猛烧，俗称十八烧。这样烧出的红烧肉色泽红润，已臻八分熟。但还不行，必须把肉装入菜盆，放在半干的饭锅上蒸。这样不但红烧肉可以熟透，而且香甜入味，油也走得干净，入口不腻。

南通餐饮学会供图

冰糖蹄髈

双桂坊大肉

淡菜皱纹肉

在江苏，羊肉的烹饪与众不同。自镇江到江阴，沿江一带流行东乡羊肉，最有名的地点在丹徒、丹阳交界处一个叫华山的小村，据说此处和《孔雀东南飞》的故事有关。这里的羊肉选用的都是养了一年以上的山羊，留皮烹制。一般分两个阶段烧制，第一步把羊肉切成大块，放入大桶锅煮熟，煮时加入生姜、料酒、葱花，煮熟后羊肉鲜香可口。由于这一带只是冬季吃羊，因此顾客买上一块这样的羊肉切片盛盘后，会调一碟当地产的蒜叶末和着酱油的调料蘸着吃。如果有人不喜欢这样的吃法，也可以把熟羊肉重新加工成红烧羊肉或鱼羊鲜再食用。碎的羊肉，店主往往会把它们收集起来，放些羊汤冻成羊糕，切片下酒。东乡羊肉和苏州藏书羊肉、宜兴芳庄羊肉都属于苏南自成一派的烹羊手法。吃惯了这一地区羊肉羊汤的人，一般吃不惯其他地方的羊肉做法。

郑陆桥头羊肉馆供图

羊糕

至于徐州的伏羊一派，那是在全国都十分特殊的现象，在伏暑里食用本就热性的羊肉，也许是彭祖养生理论的体现。这也是江苏餐饮文化丰富多彩的一种突出表现。

童方云供图

迷你冬瓜盅

江苏是我国最早种植水稻的地区，距今 7000 年前的马家浜文化时期就发现了水稻种植的考古证据。距今 5500 年前的龙虬庄文化（高邮）遗址中则发现了古代居民优选优种的水稻种子。而且，当时的江苏籼稻和粳稻的种植都已比较普遍。时至 20 世纪 50 年代，江苏省的稻种已有一百多种，粳稻和糯稻成为主食，麦和面粉辅之。如此，历史上以糕团为主的点心文化就得到了传承和弘扬。

Jiangsu is a main rice-growing province in China, with japonica rice and glutinous rice as the main products. Wheat and flour also enjoys large supply. As a result, the historical tradition of dim sum based on rice pudding has been inherited and promoted.

福禄寿喜糕

奥体明都国际饭店供图

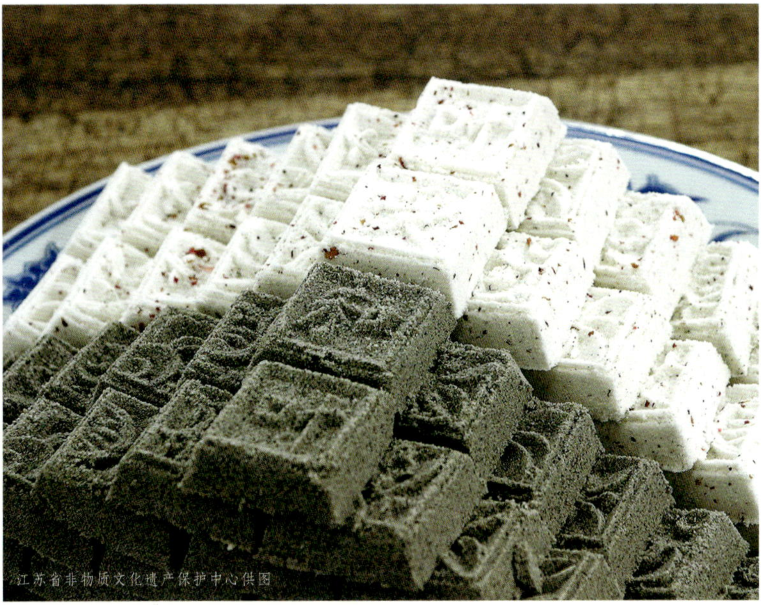
江苏省非物质文化遗产保护中心供图
叶受和苏式糕点

银河湾大酒店供图
农家绿榆团

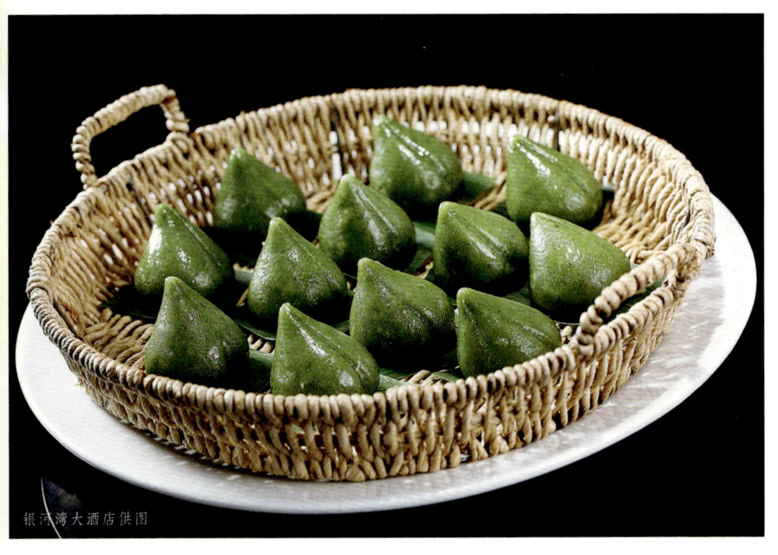

特色青豆泥

鲜鱼饼

西亭脆饼

江苏在宋朝就有很多关于点心的记载，市面上即有糖糕、蜜糕、糍糕、米糕、花糕、印糕、重阳糕等糕点，丰富多彩，琳琅满目。时至今日，品种就更多了。

除此之外，面食还有常州大麻糕、黄桥烧饼、西亭脆饼、南通的拖鞋饼、江阴的拖炉饼等。至于端午的粽子，过年的元宵和馒头、包子，那就更是普遍了。

功夫青鱼汤配麻糕

双麻酥饼

蟹黄汤包

值得一提的是，在淮安、高邮、邵伯、泰州、扬州一带，包子的品种尤其丰富，像楚州文楼汤包、三垛镇的包子宴、扬州富春包、靖江蟹黄包，那都是叫得响的名字，听上去就令人馋涎欲滴。

贺知章的回乡诗“少小离家老大回，乡音未改鬓毛衰。儿童相见不相识，笑问客从何处来”打动过无数人的心。对于漂泊的游子来说，乡音和乡味最能勾起内心深处的乡愁。无论身在何处，作为江苏人，如何能忘记金陵板鸭的咸香、忘记绿柳居的素餐？作为江苏人，如何能忘记镇江肴肉、苏州豆腐干、马祥兴的美人肝？所以，返乡归来，除了品尝妈妈的菜肴，一定想喝一碗徐州饣它汤或者木渎石家的鲃肺汤，尝尝陆稿荐的苏式卤菜和三凤桥的酱排骨。

江苏省非物质文化遗产保护中心供图

镇江肴肉

For wanderers around the world, the hometown accent and home-made flavors can best evoke the deeply-kept nostalgia. Jiangsu's local culinary characteristics include Nanjing Salted Duck, Lyuliuju's vegetarian cooking, Zhenjiang's Salted Pork in Jelly, Suzhou's Dried Tofu, Lugaojian's Suzhou-style Pot-stewed Meat, and Sanfengqiao Sauce Ribs. Hengshun vinegar, Suzhou Biluochun tea, Yanghe liquor, ShuanggouDaqu liquor, Gaogou liquor, and YuqiShuangtai liquor are all famous brands in the nation.

南京桂花鸭

陆稿荐苏式卤菜

这些年，有许多传统经典饮食已被选入江苏省非物质文化遗产名录，例如秦淮（夫子庙）传统风味小吃、苏州织造官府菜、太湖船菜、淮安全鳝席、京苏大菜；也有洋河酒、双沟大曲、高沟酒、玉祁双套酒；还有我们江苏的名茶苏州碧螺春、南京雨花茶、连云港云雾茶。家乡的美好是实实在在的美食、美酒、美茶积累的，家乡的美好，怎么能忘得了？

光头牛肉

桂花糖藕

淮安茶馓

天目湖宾馆供图

溧阳咸鹅

洋河酒部分均由江苏省非物质文化遗产保护中心供图

洋河酒地下酒窖

洋河酒酿造（拖曲、装甑）

镇江香醋部分均由江苏省非物质文化遗产保护中心供图

苏州洞庭湖碧螺春（拣茶）

苏州洞庭湖碧螺春（搓团）

百里异俗

千里不同风，百里不同俗，
一方水土养一方人。

江苏处于长江下游地区，
北熏淳朴厚实的齐鲁风采，
西拂神秘浪漫的荆楚风韵，
南拥热烈奔放的百越风情，
自然与人文禀赋优越，显示出一派云蒸霞蔚、风云变幻的博大气象。
民风习俗表现出江苏历史文化海纳百川的优秀品质，

是江苏极为宝贵的资源和财富。
风光秀丽的山水城林，积淀着深厚的文化底蕴；
吴韵汉风的历史传承，延续着江苏的城市记忆。
江河湖海滋润着江苏这块美丽富饶的土地，

人杰地灵孕育着江苏人民坚忍的性格，
也创造出优雅舒适的苏派风韵。

民俗

FOLKWAY

Known as "a land of fish and rice", Jiangsu Province is situated on the lower reaches of the Yangtze River. In this low-lying region, there are many lakes and connecting waterways, and a large variety of dialects. Being one of China's most fertile, populous and affluent zones, Jiangsu boasts a colorful and intermingling collection of folk customs.

秦淮灯会

Qinhuai Lantern Fair

秦淮灯会是南京地区的民俗文化活动，主要集中在每年的春节至元宵节期间举行。根据文献记载，早在南朝时期，作为都城的南京就开始举办民间元宵灯会，曾出现过“灯火满市井”的壮观场景。自明初洪武帝朱元璋在南京倡导元宵灯节活动以来，南京便享有“秦淮灯彩甲天下”的美誉。秦淮灯会最主要的内容就是秦淮灯彩的展示。

Held yearly in the Confucius Temple of Nanjing and its surrounding areas between Spring Festival and Lantern Festival, Qinhuai Lantern Fair is a popular folk custom celebration of the Lantern Festival. The Fair is invested with a general significance as an expression of popular wishes for a better life.

灯会场景

秦淮灯会通过扎灯、张灯、赏灯、闹灯等诸种形式，营造出“万星烂天衢，广庭翻人潮”的壮观景象，寄托了民众的美好愿望。

灯会盛况

传统秦淮灯彩的扎制工序分塑型、扎制、裱糊、成形四个主要步骤，每个步骤又包含多道工序。

兔子灯裱糊工艺

秦淮灯彩的制作，集中国传统的编扎、绘画、书法、剪纸、皮影、刺绣、雕塑等手工技艺于一体，体现了扎灯艺人的智慧和高超技艺。

金蟾灯

狮子灯

五彩菠萝灯

兔子灯

Qintong Boat Festival

溱潼会船是以祭奠阵亡将士为内容，以水上竞技、文艺表演为载体的大型水上清明民俗活动，又称水上清明节。溱潼会船起源于南宋岳飞抗金。据史料记载，南宋名将岳飞及义民张荣、贾虎曾在溱湖多次大败金兵，激烈的战役中，许多无名的宋军战士为国捐躯，当地的百姓收葬了他们，并在清明节的次日撑船划桨前去祭祀，年年如此，逐渐演变成会船习俗。

溱潼会船的程序通常为选船、试水、铺船、祭祀、赴会、赛船、送头篙、酒会、唱夜戏。其中，祭祀是会船活动的核心，赴会是会船活动的主体，赛船是会船活动的高潮。

An annual event in Jiangyan district of Taizhou, Qintong Boat Festival is held in Qingming to commemorate the soldiers who fought in wars against enemies in ancient times. It is becoming an important tourist destination with the highlight of the Dragon Boat-racing, theatrical performances, dragon and lion dances, and other folk activities.

溱潼会船场景

十里溱湖，
千篙万桨。
鼓乐喧天，
人声如潮。

溱潼会船——舞龙

溱潼会船的活动形式多样，有体育竞技类的，如撑船、划船比赛；有文艺表演类的，如戏曲、歌舞；还有其他的一些民间文艺形式，如舞龙、舞狮、荡湖船、踩高跷等。

茅永宽摄

金坛抬阁

金坛抬阁兴起于明朝，是一种融合了戏剧造型和杂技娱乐表演的民俗活动，以祈求国泰民安、百姓乐业。金坛抬阁是由数名童男童女扮成古装戏剧人物，悬立于若干层四方形阁架上，在庙会出会时由众人抬举，并配之以吹打乐器浩荡出行。“抬阁”出行时由锣鼓乐队相配合，鼓乐富有节奏感。抬阁者踩着“抬阁锣鼓”的节拍行进，既能合力保持上层的重心，又能统一步伐。经过历代民间的传承和改造，金坛抬阁形成了独特的本土风格，其造型、内容都有着十分鲜明的江南地域特征。

The Ming Dynasty witnessed the rise of garret-lifting in Jintan, Changzhou. As a folk activity aiming to pray for national prosperity and people's happiness, Jintan Garret-lifting blends dramatic modeling and acrobatic performances, demonstrating distinct regional differences in styles, themes and materials.

“抬阁”是以木桩和插销为“骨”，以“桩”载人，分层连体固定。阁体外按剧情需要彩饰成亭台楼阁、石桥、彩虹、山川、渔船、云彩或花卉等，层层叠叠，浑然一体，相得益彰。

金坛抬阁部分均由常州市非物质文化遗产保护中心供图

东坝大马灯

Dongba Horse-Lantern Dance

南京高淳的东坝大马灯是在每年春节至元宵节期间进行表演的民间娱乐活动，采取老、青、少三代人组合的表演形式：老者负责指挥乐队并控制节奏，青年人担纲竹马表演，少年们则扮演故事中的人物。道具为竹制的“马架”，绒布缝制的“马皮”，并饰以马鞍、缰绳、铜铃等。东坝大马灯的艺术特征主要表现为仿真性强、马队阵法多变以及场面大气恢宏等。

Performed yearly in Gaochun district of Nanjing between Spring Festival and Lantern Festival, Dongba Horse-Lantern Dance is characterized by its vividness. The dance squad is made up of young, middle aged and older adults.

小演员亮相

为小演员扮相

扮演刘备、关羽、张飞等三国人物的小演员飞身跃马出征，在鼓点的引导下，配以民间器乐，马队交替布阵

东坝大马灯部分均由南京市非物质文化遗产保护中心供图

由跑单穿、双穿、布阵列队、信马由缰，到围阵对敌，马阵昂首长啸，奋蹄奔腾，俨如疆场驰骋

Nuo Dance (Gaochun Wuchang Dance)

高淳跳五猖是古代举行神灵出巡活动的祭祀舞蹈，“五猖”即东、南、西、北、中（青、赤、白、黑、黄）五方之神，意在降妖除魔，保五方平安。跳五猖的队伍威严、雄壮，由五猖神和道、僧、土地、判官等角色组成。舞蹈动作粗犷奔放，伴有仪仗队、旗幡队，音乐曲牌用民间小调，用锣鼓打击乐器及唢呐、长喇叭等吹奏乐器伴奏。

Originally as a sacrificial one prepared before gods go on a sightseeing tour, the dance is performed to dispel devils and petition for blessings from the gods of five directions, namely east, south, west, north and center.

濮阳康京供图

王岩棣摄，东方 IC 供图

傩舞是广泛流传于各地的一种具有驱鬼逐疫和祭祀功能的传统舞蹈。表演者头戴面具，着神袍，扮五位猖神，手执双刀，做巡视状出场，朝拜四方，舒臂抬腿，手舞足蹈，碎步穿插，布列各种阵形。

王岩棣摄，东方 IC 供图

东方青帝，主木，绿面具，着绿袍；
南方赤帝，主火，红面具，着红袍；
西方白帝，主金，白面具，着白袍；
北方黑帝，主水，黑面具，着黑袍；
中央黄帝，主土，黄面具，着黄袍。

濮阳康京供图

Women's Clothing in Watery Region

江苏上千年的服饰发展史就是一部中国服饰史的缩影。至今，苏州甪直、胜浦等周边地区农村妇女依然保留着以稻作生产为主的“荆钗布裙”的水乡劳动人民的穿着打扮，她们梳鬅鬅头，扎包头巾，穿拼接衫和襡裙，着短脚裤，裹卷膀，穿绣花鞋。这样的苏南水乡妇女服饰不仅是极具江苏地域文化特色的传统服饰，也是全国范围内为数极少的研究汉民族传统服饰历史的“活化石”。

Still used in modern times, the unique clothing for women in water countries around Luzhi, Shengpu and other towns of Suzhou is part of Rice Cultivation Culture. Women's clothing in the south of the lower reaches of the Yangtze River displays some remarkable district characteristics.

水乡妇女传统服饰

绣花“穿腰”

鬅鬅头

“扳趾头”绣花鞋

水乡妇女常穿绣花鞋，有“扳趾头”和“猪拱头”之分，其中“扳趾头”绣花鞋鞋底前端尖而上翘。

徐州香包

Xuzhou Sachet Bag

制作和佩戴香包的习俗是以男耕女织为标志的中国古代传统文化的产物。香包工艺以绣工精美见长，图案繁多，生动活泼，蕴含着人们对生活的美好愿望。香包兼具药用价值，含有冰片、甘草、连翘、金银花、白芷等十几种中草药，散发出的香味可以养气调神、祛灾避邪。徐州香包在内容上多以喜庆吉祥题材为主，如龙凤呈祥、鸳鸯戏水、麒麟送子、观音送福等。

Decorated with a notable diversity of embroidered patterns, these soft and scented bags are filled with a variety of medicinal herbs, producing a calming and sleep-inducing effect as well as repelling flies and mosquitoes. The sweet bags are also an expression of best wishes for future life.

红罗覆斗帐，
四角垂香囊。

"中国风"打籽绣

井秋红作品

打籽绣是中国刺绣传统针法之一，用丝线在针尖上绕成粒状小圈，绣一针，形成一粒"籽"，主要用于织绣动物和花卉图案。

针插《百子婴戏图》

王振霞作品

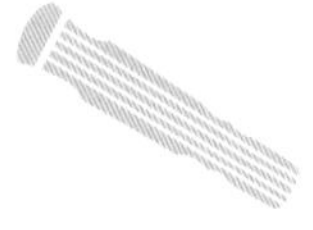

江苏，一片春有花香、秋有稻香的土地，有着江河湖海的广阔水域，人杰地灵的风土人情。在这个水域占了1/6的省份，水既是它的外在地理特征，亦在潜移默化中成为人们的内在气质。涓涓清泉滋养了人们灵巧的心灵，烟波如幻赋予了人们浪漫的诗性，大河奔流孕育了人们坚韧的毅力，瀚海辽阔激发了人们开创的豪情。江苏人生于水乡，长于水乡，在这片秀丽富饶的土地上，创造了吴韵汉风的昌盛文化，传承了丰富多彩的璀璨艺术。

江苏的南缘，是吴越文化的发祥地——太湖。太湖美，美在太湖水，更美在太湖这一方水土繁衍的文化。苏州、无锡、宜兴是环绕这烟波浩渺的三颗明珠，它们拥有的非物质文化遗产项目，既在数量上冠绝江苏，又在质量上精绝江苏。这里有以苏州玉雕和香山帮传统建筑营造技艺为代表的江南百工技艺，有以缂丝、苏绣、宋锦为代表的苏州桑蚕丝织技艺，有吴侬软语的吴歌、评弹、昆曲，有隽永古朴的古琴雅乐、丝竹遗音，还有令人口舌生香的碧螺春茶、苏式糕点，受传统文人钟爱的宜兴紫砂、苏扇、明式家具制作技艺……这琳琅缤纷的物象、醉人心魄的格调，引发了古人“能不忆江南”的情结，引领着当时的社会风尚。

太湖往北，迢迢大运河横贯南北水系。沿着苏州、无锡、常州、镇江、扬州，水路里商贾、游子的停泊休憩，给沿岸城邑带来了勃勃生机。各路地方戏曲在码头会馆搬演唱念做打，南北说唱在熙来攘往的茶馆酒肆评说市井百态。令儿童爱不释手的惠山泥人、寄托闺情蜜意的常州梳篦、装点华丽屋舍的扬州漆器是人们寄情于物的伴手佳礼；人间珍馐淮扬菜、千杯叙情封缸酒、甜香浓郁恒顺醋，给远行的人们留下美好的情谊。

还有那秦淮河畔的金陵云锦、灯会盛景，苏州阊门、胥门内河的端午竞渡，甪直古镇的妇女服饰，泰州里下河的溱潼会船，徐州微山湖畔的药方香包，江海交汇之地的南通蓝印花布……众多优秀的非物质文化遗产，都在向今人诉说着水乡古老的回忆。

富庶的水乡和通畅的水路，使得江苏成为海内繁华、精英荟萃之地。尤其是在明清之际，一大批退隐的士大夫、诗人、戏曲家、书画家、收藏家会聚此境，漫游江南、栖身乐土、宴饮交游、品味人生。在诗情画意的江南园林中，在古雅脱俗的居室陈设中，观戏、度曲、抚琴、品茗，把玩珍藏名物，追求生活的艺术。在这样的文化氛围中，民间那些关于衣食住行和审美情趣的事项兴盛发展起来，传承至今，成为我们当下所说的非物质文化遗产。

物换星移，水里映照的风景如故，只是变换了容颜。但流淌在人们血液里的，依然是那昨日的风情，不变的乡愁。让我们仰望先人的智慧与勤劳，守护他们留下的璀璨遗珍。当我们有机会继续沉浸在这高雅精致的生活氛围中，感受到传统经典的艺术气息，无论在远方还是在未来，作为江苏人、中国人，心中才有根可寻，有情可追。就让我们徜徉在传统文化的芳香幽径里，采一朵故乡的茉莉花，释放眷恋的深情。

Jiangsu, a piece of land filled with flower fragrance in springs and rice fragrance in autumns, is home to various waters including rivers, lakes and seas and to numerous outstanding people. In the province where water area accounts for one sixth of its total, water has become not only the external geographic feature, but also a kind of internalized quality of people. The ceaseless water nourishes the heart and soul of local people. The mist-covered waters teach them how to be romantic. They have also learned the spirit of perseverance and innovation from the vast torrential waters. Jiangsu people are born and live in the riverside towns and have created a prosperous culture in the Southeast China and inherited a variety of artistry in the land of beauty and abundance.

In the south rim of Jiangsu is the Taihu Lake, the cradle of Wuyue Culture. The wonderfulness of Taihu Lake lies in its water and the derivative culture. Suzhou, Wuxi and Yixing are three pearls surrounding the lake, with their intangible cultural heritage projects ranking first in Jiangsu, both in quantity and quality. There is Jiangnan handicraft with Suzhou Jade Carving and Xiangshan School Traditional Architectural Craftsmanship for Timber-framed Structures as representative, as well as Suzhou mulberry silk weaving craftsmanship featuring Chinese Silk Tapestry (*Kesi*), Suzhou Embroidery and Song Brocade. There are also soft pieces of *Wuge* (Wu ballads), Suzhou *Pingtan* (storytelling and ballad singing in Suzhou dialect) and Kunqu Opera. Music of primitive simplicity, palatable tea and pastry, traditionally popular Yixing Zisha, Suzhou Fans and Technique of Making Ming Dynasty Style Furniture are all available in here. These multiple images and intoxicating artistic styles not only aroused poetic emotions of ancient people, but also guided the social tendency at that time.

To the north of Taihu Lake is the Grand Canal, which crosses the water systems from south to north. Along the cities of Suzhou, Wuxi, Changzhou, Zhenjiang and Yangzhou, the Canal provides the businessmen and tourists with places to rest, which has consequently brought vitality to the cities. Local operas from different places are performed in the river terminal halls and the talking and singing staged in the bustling tea houses and taverns are vivid interpretations of city life. Huishan Clay Figurines popular among children, Changzhou Combs designed for girls and Yangzhou Lacquer Wares used for house decoration are all good choices for souvenirs. The Huaiyang Cuisine (Huai'an-Yangzhou Cuisine), Wine in Sealed Jar and Hengshun Vinegar can also help convey beautiful friendship among people.

Apart from those above, there are Nanjing Yunjin Brocade and Lantern Fair by the Qinhuai River, Boat-racing in Suzhou Changmen and Xumen during Dragon-Boat Festival, Female Clothing from Luzhi Ancient Town, Qintong Boat Festival in Taizhou Lixia River, Medical Sachets made by the Weishan Lake in Xuzhou, Blue Calico from Nantong, the city located in the junction of river and sea and etc. Numerous excellent intangible cultural heritages are all storytellers of the old memories of riverside towns.

Wealthy riverside towns and convenient waterborne transportation enable Jiangsu to become a piece of prosperous land with so many elite people within the country. Especially during the Ming and Qing Dynasties, a large group of retired scholar-officials, poets, opera artists, painters and collectors were all attracted to such a place of happiness to travel, to socialize and to taste their life. In the poetic Jiangnan landscaped gardens with primitive and elegant furnishings, people could pursue the art of life by watching operas, composing songs, playing the zither and tasting tea. In such a cultural atmosphere, what was related to basic necessities of life and aesthetic appeal gradually developed and was delivered till now, which has become the intangible cultural heritage we have called today.

As time goes by, the scenery reflected by the water remain, but people don't. But the sentiments and nostalgia in our veins have never changed. We are supposed to admire the wisdom and diligence of our ancestors and safeguard the precious heritages they have left for us. When we have the opportunity to immerse ourselves in such an elegant and delicate atmosphere of life and to feel the beauty of classical arts, no matter now, or in the distant future, we have roots and sentiments to seek, as a Jiangsu native and as a Chinese. In the fragrant and peaceful path of traditional culture, a jasmine flower from our hometown, waiting for us, is about to diffuse its affectionate sentiments.

注：附录中非物质文化遗产项目的申报地区或单位来源于国务院和江苏省政府当年所公布的文件。

2006年公布

江苏省入选第一批国家级非物质文化遗产名录项目

白蛇传传说 ◎ 民间文学 ◎ 镇江市
梁祝传说 ◎ 民间文学 ◎ 宜兴市
董永传说 ◎ 民间文学 ◎ 东台市
吴歌 ◎ 民间文学 ◎ 苏州市

江南丝竹 ◎ 传统音乐 ◎ 太仓市
海州五大宫调 ◎ 传统音乐 ◎ 连云港市
苏州玄妙观道教音乐 ◎ 传统音乐 ◎ 苏州市

昆曲 ◎ 传统戏剧 ◎ 江苏省昆剧院，苏州昆剧院
苏剧 ◎ 传统戏剧 ◎ 苏州市
扬剧 ◎ 传统戏剧 ◎ 扬州市

苏州评弹 ◎ 曲艺 ◎ 苏州市
扬州评话 ◎ 曲艺 ◎ 扬州市
扬州清曲 ◎ 曲艺 ◎ 扬州市

桃花坞木版年画 ◎ 传统美术 ◎ 苏州市
剪纸（扬州剪纸） ◎ 传统美术 ◎ 扬州市
苏绣 ◎ 传统美术 ◎ 苏州市
扬州玉雕 ◎ 传统美术 ◎ 扬州市
泥塑（惠山泥人） ◎ 传统美术 ◎ 无锡市

宜兴紫砂陶制作技艺 ◎ 传统技艺 ◎ 宜兴市
南京云锦木机妆花手工织造技艺 ◎ 传统技艺 ◎ 南京市
宋锦织造技艺 ◎ 传统技艺 ◎ 苏州市
苏州缂丝织造技艺 ◎ 传统技艺 ◎ 苏州市
南通蓝印花布印染技艺 ◎ 传统技艺 ◎ 南通市
香山帮传统建筑营造技艺 ◎ 传统技艺 ◎ 苏州市
苏州御窑金砖制作技艺 ◎ 传统技艺 ◎ 苏州市
南京金箔锻制技艺 ◎ 传统技艺 ◎ 南京市
明式家具制作技艺 ◎ 传统技艺 ◎ 苏州市
扬州漆器髹饰技艺 ◎ 传统技艺 ◎ 扬州市
镇江恒顺香醋酿制技艺 ◎ 传统技艺 ◎ 镇江市
雕版印刷技艺 ◎ 传统技艺 ◎ 扬州市
金陵刻经印刷技艺 ◎ 传统技艺 ◎ 南京市
制扇技艺 ◎ 传统技艺 ◎ 苏州市
剧装戏具制作技艺 ◎ 传统技艺 ◎ 苏州市
风筝制作技艺（南通板鹞风筝） ◎ 传统技艺 ◎ 南通市

端午节（苏州端午习俗） ◎ 民俗 ◎ 苏州市
秦淮灯会 ◎ 民俗 ◎ 南京市
苏州甪直水乡妇女服饰 ◎ 民俗 ◎ 苏州市

江苏省入选第二批国家级非物质文化遗产名录项目

高邮民歌 ◎ 传统音乐 ◎ 高邮市
海门山歌 ◎ 传统音乐 ◎ 海门市
常州吟诵 ◎ 传统音乐 ◎ 常州市
天宁寺梵呗唱诵 ◎ 传统音乐 ◎ 常州市
无锡道教音乐 ◎ 传统音乐 ◎ 无锡市

东坝大马灯 ◎ 传统舞蹈 ◎ 高淳县
邳州跑竹马 ◎ 传统舞蹈 ◎ 邳州市

淮剧 ◎ 传统戏剧 ◎ 盐城市
锡剧 ◎ 传统戏剧 ◎ 江苏省演艺集团，无锡市，常州市
淮海戏 ◎ 传统戏剧 ◎ 淮安市，连云港市
童子戏 ◎ 传统戏剧 ◎ 通州市
徐州梆子 ◎ 传统戏剧 ◎ 徐州市

扬州弹词 ◎ 曲艺 ◎ 扬州市
徐州琴书 ◎ 曲艺 ◎ 徐州市
南京白局 ◎ 曲艺 ◎ 南京市

苏州玉雕 ◎ 传统美术 ◎ 苏州市
光福核雕 ◎ 传统美术 ◎ 苏州市
邳州纸塑狮子头 ◎ 传统美术 ◎ 邳州市
常州梳篦 ◎ 传统美术 ◎ 常州市
丰县糖人贡 ◎ 传统美术 ◎ 丰县
扬派盆景技艺 ◎ 传统美术 ◎ 扬州市，泰州市

江都金银细工制作技艺 ◎ 传统技艺 ◎ 江都市
南京宝庆银楼金银细工制作技艺 ◎ 传统技艺 ◎ 南京市
苏州民族乐器制作技艺 ◎ 传统技艺 ◎ 苏州市
兴化传统木船制作技艺 ◎ 传统技艺 ◎ 兴化市
丹阳封缸酒传统酿造技艺 ◎ 传统技艺 ◎ 丹阳市
金坛封缸酒传统酿造技艺 ◎ 传统技艺 ◎ 金坛市
富春茶点制作技艺 ◎ 传统技艺 ◎ 扬州市

建湖杂技 ◎ 传统体育、游艺与杂技 ◎ 建湖县

金坛抬阁 ◎ 民俗 ◎ 金坛市

扩展项目

董永传说 ◎ 民间文学 ◎ 金坛市
靖江宝卷 ◎ 民间文学 ◎ 靖江市
吴歌 ◎ 民间文学 ◎ 无锡市

古琴艺术（虞山琴派、广陵琴派、金陵琴派、梅庵琴派）

◎ 传统音乐 ◎ 常熟市，扬州市，南京市，南通市，镇江市
十番音乐（楚州十番锣鼓、邵伯锣鼓小牌子）◎ 传统音乐 ◎ 淮安市，江都市

骆山大龙 ◎ 传统舞蹈 ◎ 溧水县

扬剧 ◎ 传统戏剧 ◎ 江苏省演艺集团，镇江市
柳琴戏 ◎ 传统戏剧 ◎ 徐州市
杖头木偶戏 ◎ 传统戏剧 ◎ 扬州市

剪纸（南京剪纸、徐州剪纸、金坛刻纸）◎ 传统美术 ◎ 南京市，徐州市，金坛市
苏绣（无锡精微绣、南通仿真绣）◎ 传统美术 ◎ 无锡市，南通市
徐州香包 ◎ 传统美术 ◎徐州市
竹刻（无锡留青竹刻、常州留青竹刻）◎ 传统美术 ◎ 无锡市，常州市
泥塑（苏州泥塑）◎ 传统美术 ◎ 苏州市
灯彩（秦淮灯彩、苏州灯彩）◎ 传统美术 ◎句容市，苏州市

雷允上六神丸制作技艺 ◎ 传统医药 ◎ 苏州市

溱潼会船 ◎ 民俗 ◎ 姜堰市

江苏省入选第三批国家级非物质文化遗产名录项目

茅山号子 ◎ 传统音乐 ◎ 兴化市

跳马伕 ◎ 传统舞蹈 ◎ 如东县

滑稽戏 ◎ 传统戏剧 ◎ 苏州市

国画颜料制作技艺（姜思序堂国画颜料制作技艺）◎ 传统技艺 ◎ 苏州市
毛笔制作技艺（扬州毛笔制作技艺）◎ 传统技艺 ◎ 江都市

扩展项目

董永传说 ◎ 民间文学 ◎ 丹阳市
徐福传说 ◎ 民间文学 ◎ 赣榆县

唢呐艺术（徐州鼓吹乐）◎ 传统音乐 ◎ 徐州市

龙舞（直溪巨龙）◎ 传统舞蹈 ◎ 金坛市
竹马（蒋塘马灯舞）◎ 传统舞蹈 ◎ 溧阳市

京剧 ◎ 传统戏剧 ◎ 江苏省演艺集团，淮安市

泗州戏 ◎ 传统戏剧 ◎ 泗洪县
木偶戏（杖头木偶戏） ◎ 传统戏剧 ◎ 江苏省演艺集团
淮剧 ◎ 传统戏剧 ◎ 淮安市，泰州市

苏州评弹 ◎ 曲艺 ◎ 江苏省演艺集团
扬州评话 ◎ 曲艺 ◎ 江苏省演艺集团
小热昏 ◎ 曲艺 ◎ 常州市

盆景技艺（苏派盆景技艺） ◎ 传统美术 ◎ 苏州市

南京云锦木机妆花手工织造技艺 ◎ 传统技艺 ◎ 江苏汉唐织锦科技有限公司
家具制作技艺（精细木作技艺） ◎ 传统技艺 ◎ 江苏工美红木文化艺术研究所
传统棉纺织技艺（南通色织土布技艺） ◎ 传统技艺 ◎ 南通市
装裱修复技艺（苏州书画装裱修复技艺） ◎ 传统技艺 ◎ 苏州市
绿茶制作技艺（苏州洞庭山碧螺春茶制作技艺） ◎ 传统技艺 ◎ 苏州市

中医传统制剂方法（致和堂膏滋药制作技艺、季德胜蛇药制作技艺） ◎ 传统医药 ◎ 江阴市，南通市

江苏省入选第四批国家级非物质文化遗产名录项目

2014年公布

东海孝妇传说 ◎ 民间文学 ◎ 连云港市

洪泽湖渔鼓 ◎ 传统舞蹈 ◎ 洪泽县、泗洪县

传统造园技艺（扬州园林营造技艺） ◎ 传统技艺 ◎ 扬州市

扩展项目

宝卷（吴地宝卷） ◎ 民间文学 ◎ 苏州市

薅草锣鼓（金湖秧歌） ◎ 传统音乐 ◎ 金湖县
佛教音乐（金山寺水陆法会仪式音乐） ◎ 传统音乐 ◎ 镇江市
道教音乐（茅山道教音乐） ◎ 传统音乐 ◎ 句容市

苏绣（扬州刺绣） ◎ 传统美术 ◎ 扬州市
象牙雕刻（常州象牙浅刻） ◎ 传统美术 ◎ 常州市武进区
盆景技艺（如皋盆景） ◎ 传统美术 ◎ 如皋市

陶器烧制技艺（宜兴均陶制作技艺） ◎ 传统技艺 ◎ 宜兴市
晒盐技艺（淮盐制作技艺） ◎ 传统技艺 ◎ 连云港市

中医诊疗法（丁氏痔科医术）◎ 传统医药 ◎ 南京市秦淮区
中医诊疗法（扬州传统修脚术）◎ 传统医药 ◎ 扬州市

清明节（茅山会船）◎ 民俗 ◎ 兴化市
庙会（泰伯庙会）◎ 民俗 ◎ 无锡市
庙会（苏州轧神仙庙会）◎ 民俗 ◎ 苏州市姑苏区
庙会（金村庙会）◎ 民俗 ◎ 张家港市

第一批省级非物质文化遗产名录项目

白蛇传传说 ◎ 民间文学 ◎ 镇江市
梁祝传说 ◎ 民间文学 ◎ 宜兴市
董永传说 ◎ 民间文学 ◎ 东台市，镇江市丹徒区、丹阳市，金坛市
《华山畿》和华山畿传说 ◎ 民间文学 ◎ 镇江市新区
韩信传说 ◎ 民间文学 ◎ 淮安市淮阴区
吴歌 ◎ 民间文学 ◎ 苏州市，无锡市锡山区、惠山区
靖江讲经宝卷 ◎ 民间文学 ◎ 靖江市

常州吟诵 ◎ 传统音乐 ◎ 常州市
南乡田歌 ◎ 传统音乐 ◎ 镇江市丹徒区
海门山歌 ◎ 传统音乐 ◎ 海门市
高邮民歌 ◎ 传统音乐 ◎ 高邮市
金湖秧歌 ◎ 传统音乐 ◎ 金湖县
邵伯秧号子 ◎ 传统音乐 ◎ 江都市
吕四渔民号子 ◎ 传统音乐 ◎ 启东市
古琴艺术（虞山琴派、广陵琴派、金陵琴派、梅庵琴派）◎ 传统音乐 ◎ 常熟市，扬州市，南京市秦淮区，南通市崇川区，镇江市
江南丝竹 ◎ 传统音乐 ◎ 太仓市
海州五大宫调 ◎ 传统音乐 ◎ 连云港市
苏州玄妙观道教音乐 ◎ 传统音乐 ◎ 苏州市
无锡道教音乐 ◎ 传统音乐 ◎ 无锡市
天宁寺梵呗唱诵 ◎ 传统音乐 ◎ 常州市
楚州十番锣鼓 ◎ 传统音乐 ◎ 淮安市楚州区
留左吹打乐 ◎ 传统音乐 ◎ 南京市六合区
邵伯锣鼓小牌子 ◎ 传统音乐 ◎ 江都市

睢宁落子舞 ◎ 传统舞蹈 ◎ 睢宁县
男欢女喜 ◎ 传统舞蹈 ◎ 宜兴市
钟馗戏蝠 ◎ 传统舞蹈 ◎ 如东县
傩舞（跳幡神、跳娘娘、跳马伕）◎ 传统舞蹈 ◎ 溧阳市，扬州市邗江区，如东县
麻雀蹦 ◎ 传统舞蹈 ◎ 南京市江宁区
东坝大马灯 ◎ 传统舞蹈 ◎ 高淳县
邳州跑竹马 ◎ 传统舞蹈 ◎ 邳州市
骆山大龙 ◎ 传统舞蹈 ◎ 溧水县

二龙戏珠 ◎ 传统舞蹈 ◎ 句容市
凤羽龙 ◎ 传统舞蹈 ◎ 无锡市惠山区
江浦手狮 ◎ 传统舞蹈 ◎ 南京市浦口区
滚灯 ◎ 传统舞蹈 ◎ 太仓市
谈庄秧歌灯 ◎ 传统舞蹈 ◎ 金坛市
花鼓（海安花鼓、浒澪花鼓） ◎ 传统舞蹈 ◎ 海安县，如东县

昆曲 ◎ 传统戏剧 ◎ 江苏省文化厅
苏剧 ◎ 传统戏剧 ◎ 苏州市
扬剧 ◎ 传统戏剧 ◎ 扬州市，镇江市，江苏省演艺集团
锡剧 ◎ 传统戏剧 ◎ 无锡市，常州市，江苏省演艺集团
淮剧 ◎ 传统戏剧 ◎ 盐城市
江苏柳琴戏 ◎ 传统戏剧 ◎ 徐州市，宿迁市宿豫区、泗洪县
徐州梆子戏 ◎ 传统戏剧 ◎ 徐州市
淮海戏 ◎ 传统戏剧 ◎ 淮安市，连云港市，沭阳县
童子戏 ◎ 传统戏剧 ◎ 通州市，连云港市新浦区
阳腔目连戏 ◎ 传统戏剧 ◎ 高淳县
杖头木偶戏 ◎ 传统戏剧 ◎ 扬州市，泰兴市，如皋市

苏州评弹（苏州评话、苏州弹词） ◎ 曲艺 ◎ 苏州市
扬州评话 ◎ 曲艺 ◎ 扬州市
扬州弹词 ◎ 曲艺 ◎ 扬州市
扬州清曲 ◎ 曲艺 ◎ 扬州市
南京白局 ◎ 曲艺 ◎ 南京市秦淮区
徐州琴书 ◎ 曲艺 ◎ 徐州市
工鼓锣 ◎ 曲艺 ◎ 涟水县，沭阳县，灌云县
苏北大鼓 ◎ 曲艺 ◎ 宿迁市宿城区

桃花坞木版年画 ◎ 传统美术 ◎ 苏州市
玻璃雕绘画 ◎ 传统美术 ◎ 镇江市
邳州年画 ◎ 传统美术 ◎ 邳州市
江都漆画 ◎ 传统美术 ◎ 江都市
剪纸（扬州剪纸、南京剪纸、金坛刻纸、宜兴刻纸、徐州剪纸） ◎ 传统美术 ◎ 扬州市，南京市，金坛市，宜兴市，徐州市
无锡纸马 ◎ 传统美术 ◎ 无锡市
苏绣 ◎ 传统美术 ◎ 苏州市
平绣（无锡刺绣、扬州刺绣、南通仿真绣） ◎ 传统美术 ◎ 无锡市，扬州市，南通市崇川区
乱针绣 ◎ 传统美术 ◎ 常州市钟楼区，丹阳市
上党挑花 ◎ 传统美术 ◎ 镇江市丹徒区
徐州香包工艺 ◎ 传统美术 ◎ 徐州市
盐城老虎鞋 ◎ 传统美术 ◎ 盐城市盐都区
南京十竹斋饾彩拱花技艺 ◎ 传统美术 ◎ 南京市
扬州玉雕 ◎ 传统美术 ◎ 扬州市
苏州玉雕 ◎ 传统美术 ◎ 苏州市

苏州石雕（金山石雕、藏书澄泥石刻）◎ 传统美术 ◎ 苏州市吴中区
光福核雕 ◎ 传统美术 ◎ 苏州市吴中区
竹刻（无锡竹刻、常州竹刻）◎ 传统美术 ◎ 无锡市，常州市天宁区
常州梳篦 ◎ 传统美术 ◎ 常州市
泥塑（惠山泥人、苏州泥塑、沛县泥模）◎ 传统美术 ◎ 无锡市，苏州市，沛县
丰县糖人贡 ◎ 传统美术 ◎ 丰县
灯彩（苏州灯彩、扬州灯彩、秦淮灯彩）◎ 传统美术 ◎ 苏州市，扬州市，南京市秦淮区，句容市
邳州纸塑狮子头 ◎ 传统美术 ◎ 邳州市
扬中竹编 ◎ 传统美术 ◎ 扬中市

宜兴紫砂陶制作技艺 ◎ 传统技艺 ◎ 宜兴市
南京云锦木机妆花手工织造技艺 ◎ 传统技艺 ◎ 南京市
宋锦织造技艺 ◎ 传统技艺 ◎ 苏州市
苏州缂丝织造技艺 ◎ 传统技艺 ◎ 苏州市
南通蓝印花布印染技艺 ◎ 传统技艺 ◎ 南通市
香山帮传统建筑营造技艺 ◎ 传统技艺 ◎ 苏州市
苏州御窑金砖制作技艺 ◎ 传统技艺 ◎ 苏州市
南京金箔锻制技艺 ◎ 传统技艺 ◎ 南京市
明式家具制作技艺 ◎ 传统技艺 ◎ 苏州市
扬州漆器髹饰技艺 ◎ 传统技艺 ◎ 扬州市
雕版印刷技艺 ◎ 传统技艺 ◎ 扬州市
金陵刻经印刷技艺 ◎ 传统技艺 ◎ 南京市
制扇技艺 ◎ 传统技艺 ◎ 苏州市
剧装戏具制作技艺 ◎ 传统技艺 ◎ 苏州市
风筝制作技艺（南通板鹞风筝）◎ 传统技艺 ◎ 南通市
精细木作工艺 ◎ 传统技艺 ◎ 江苏省工艺美术行业协会
传统金银饰品工艺 ◎ 传统技艺 ◎ 南京市，江都市
苏州民族乐器制作技艺 ◎ 传统技艺 ◎ 苏州市
苏州碑刻技艺 ◎ 传统技艺 ◎ 苏州市
绒花制作技艺 ◎ 传统技艺 ◎ 南京市，扬州市
天鹅绒织造技艺 ◎ 传统技艺 ◎ 南京市，丹阳市
常熟花边制作技艺 ◎ 传统技艺 ◎ 常熟市
兴化木船制造工艺 ◎ 传统技艺 ◎ 兴化市
扬州通草花制作技艺 ◎ 传统技艺 ◎ 扬州市
扬派盆景技艺 ◎ 传统技艺 ◎ 扬州市，泰州市
扬州富春茶点制作技艺 ◎ 传统技艺 ◎ 扬州市
镇江恒顺香醋酿制技艺 ◎ 传统技艺 ◎ 镇江市
封缸酒酿造技艺 ◎ 传统技艺 ◎ 丹阳市，金坛市
汤沟酒酿造技艺 ◎ 传统技艺 ◎ 灌南县
南京板鸭、盐水鸭制作技艺 ◎ 传统技艺 ◎ 南京市江宁区
三凤桥酱排骨烹制技艺 ◎ 传统技艺 ◎ 无锡市

苏州雷允上六神丸制药技艺 ◎ 传统医药 ◎ 苏州市

唐老一正斋膏药制作技艺 ◎ 传统医药 ◎ 镇江市

金坛抬阁 ◎ 传统体育、游艺与杂技 ◎ 金坛市
沛县武术 ◎ 传统体育、游艺与杂技 ◎ 沛县
建湖“十八团”杂技 ◎ 传统体育、游艺与杂技 ◎ 建湖县

端午节（苏州端午习俗） ◎ 民俗 ◎ 苏州市
秦淮灯会 ◎ 民俗 ◎ 南京市
苏州甪直水乡妇女服饰 ◎ 民俗 ◎ 苏州市
妈祖庙会 ◎ 民俗 ◎ 南京市下关区
金山寺水陆法会 ◎ 民俗 ◎ 镇江市
溱潼会船 ◎ 民俗 ◎ 姜堰市
扬州“三把刀” ◎ 民俗 ◎ 扬州市

第二批省级非物质文化遗产名录项目

2009年公布

寒山拾得传说 ◎ 民间文学 ◎ 苏州市
花果山传说 ◎ 民间文学 ◎ 连云港市
九里山古战场传说 ◎ 民间文学 ◎ 徐州市九里区
巫支祁传说 ◎ 民间文学 ◎ 洪泽县
水漫泗州城传说 ◎ 民间文学 ◎ 洪泽县，盱眙县
隋炀帝传说 ◎ 民间文学 ◎ 扬州市邗江区
彭祖传说 ◎ 民间文学 ◎ 徐州市
徐福传说 ◎ 民间文学 ◎ 赣榆县
张道陵传说 ◎ 民间文学 ◎ 丰县
施耐庵与《水浒》传说 ◎ 民间文学 ◎ 兴化市，大丰市
达摩传说 ◎ 民间文学 ◎ 南京市六合区
刘邦传说 ◎ 民间文学 ◎ 丰县，沛县
卞和献玉传说 ◎ 民间文学 ◎ 高淳县
东海孝妇传说 ◎ 民间文学 ◎ 连云港市
露筋娘娘传说 ◎ 民间文学 ◎ 江都市
沈拱山传说 ◎ 民间文学 ◎ 盐城市盐都区
伍子胥故事 ◎ 民间文学 ◎ 高淳县
项羽故事 ◎ 民间文学 ◎ 南京市浦口区
崔致远与双女坟的故事 ◎ 民间文学 ◎ 高淳县
姐儿溜（歌谣） ◎ 民间文学 ◎ 东海县
谜语（竹西谜语、海虞谜语） ◎ 民间文学 ◎ 扬州市，常熟市

高淳民歌 ◎ 传统音乐 ◎ 高淳县
南闸民歌 ◎ 传统音乐 ◎ 淮安市楚州区
茅山号子 ◎ 传统音乐 ◎ 兴化市
泓口丝弦 ◎ 传统音乐 ◎ 溧阳市
鼓吹乐（徐州鼓吹乐、海州鼓吹乐） ◎ 传统音乐 ◎ 徐州市，连云港市
锣鼓乐（陆家锣鼓、戴埠太平锣鼓、天岗锣鼓） ◎ 传统音乐 ◎ 南通市港闸区，溧阳市，泗洪县

睢宁龙虎斗 ◎ 传统舞蹈 ◎ 睢宁县

花船舞（大兴旱船、灌云花船）◎ 传统舞蹈 ◎ 宿迁市宿豫区，灌云县
莲湘（姜堰滚莲湘、如皋莲湘、洪武花棍舞）◎ 传统舞蹈 ◎ 姜堰市，如皋市，泗洪县
高跷（沛桥高跷）◎ 传统舞蹈 ◎ 高淳县
宝堰双推车 ◎ 传统舞蹈 ◎ 镇江市丹徒区
龙吟车 ◎ 传统舞蹈 ◎ 高淳县
柘塘打社火 ◎ 传统舞蹈 ◎ 溧水县
跳当当 ◎ 传统舞蹈 ◎ 溧水县
茶花担舞 ◎ 传统舞蹈 ◎ 江阴市
睢宁云牌舞 ◎ 传统舞蹈 ◎ 睢宁县
灯舞（万绥猴灯、指前鱼灯、新沂七巧灯）◎ 传统舞蹈 ◎ 常州市新北区，金坛市，新沂市
千灯跳板茶 ◎ 传统舞蹈 ◎ 昆山市
渔篮虾鼓舞 ◎ 传统舞蹈 ◎ 江阴市
洪泽湖渔鼓 ◎ 传统舞蹈 ◎ 泗洪县，洪泽县
荷花盘子舞 ◎ 传统舞蹈 ◎ 通州市
抬判 ◎ 传统舞蹈 ◎ 通州市
倒花篮 ◎ 传统舞蹈 ◎ 如皋市

京剧 ◎ 传统戏剧 ◎ 江苏省演艺集团，淮安市
滑稽戏（苏州滑稽戏）◎ 传统戏剧 ◎ 苏州市
香火戏（金湖香火戏）◎ 传统戏剧 ◎ 金湖县
泗州戏 ◎ 传统戏剧 ◎ 泗洪县
丰县四平调 ◎ 传统戏剧 ◎ 丰县

南京评话 ◎ 曲艺 ◎ 南京市秦淮区
扬州道情 ◎ 曲艺 ◎ 扬州市
丹阳啷当 ◎ 曲艺 ◎ 丹阳市
徐州坠子 ◎ 曲艺 ◎ 丰县
小热昏 ◎ 曲艺 ◎ 常州市

麦秆剪贴（大丰麦秆剪贴）◎ 传统美术 ◎ 大丰市
常州掐丝珐琅画 ◎ 传统美术 ◎ 常州市武进区
戏剧脸谱 ◎ 传统美术 ◎ 南京市白下区
丰县吹糖人 ◎ 传统美术 ◎ 丰县
象牙雕刻（南京仿古牙雕、扬州牙刻、常州象牙浅刻）◎ 传统美术 ◎ 南京市，扬州市，常州市武进区
虞山派篆刻艺术 ◎ 传统美术 ◎ 常熟市

宜兴陶堆花技艺 ◎ 传统技艺 ◎ 宜兴市
溱潼砖瓦制作技艺 ◎ 传统技艺 ◎ 姜堰市
真金线制作技艺 ◎ 传统技艺 ◎ 南京市
色织土布技艺（南通色织土布技艺、沛县色织土布技艺）◎ 传统技艺 ◎ 南通市，沛县
八桅立式大风车制作技艺 ◎ 传统技艺 ◎ 盐城市盐都区
蔡集手抄草纸制作技艺 ◎ 传统技艺 ◎ 宿迁市宿豫区

常州龙泉印泥制作技艺 ◎ 传统技艺 ◎ 常州市
扬州毛笔制作技艺 ◎ 传统技艺 ◎ 江都市
姜思序堂国画颜料制作技艺 ◎ 传统技艺 ◎ 苏州市
装裱技艺（苏州装裱技艺、扬州装裱技艺） ◎ 传统技艺 ◎ 苏州市，扬州市
陆慕蟋蟀盆制作技艺 ◎ 传统技艺 ◎ 苏州市相城区
朴席制作技艺 ◎ 传统技艺 ◎ 扬州市经济开发区，仪征市
柳编技艺 ◎ 传统技艺 ◎ 赣榆县
洪泽湖渔具制作技艺 ◎ 传统技艺 ◎ 洪泽县
晒盐技艺（盐城海盐晒制技艺、连云港淮盐晒制技艺） ◎ 传统技艺 ◎ 盐城市，连云港市
配制酒酿造技艺（东台陈皮酒酿造技艺） ◎ 传统技艺 ◎ 东台市
绿茶制作技艺（苏州洞庭碧螺春制作技艺、连云港云雾茶制作技艺、南京雨花茶制作技艺） ◎ 传统技艺 ◎ 苏州市吴中区，连云港连云区，南京市江宁区
糕团制作技艺（黄天源苏式糕团制作技艺） ◎ 传统技艺 ◎ 苏州市
糕点制作技艺（稻香村苏式月饼制作技艺、叶受和苏式糕点制作技艺、西亭脆饼制作技艺） ◎ 传统技艺 ◎ 苏州市，通州市
黄桥烧饼制作技艺 ◎ 传统技艺 ◎ 泰兴市
常州梨膏糖制作技艺 ◎ 传统技艺 ◎ 常州市
采芝斋苏式糖果制作技艺 ◎ 传统技艺 ◎ 苏州市
宝应捶藕和鹅毛雪片制作技艺 ◎ 传统技艺 ◎ 宝应县
董糖制作技艺（如皋董糖制作技艺、秦邮董糖制作技艺） ◎ 传统技艺 ◎ 如皋市，高邮市
素食烹制技艺（绿柳居素食烹制技艺） ◎ 传统技艺 ◎ 南京市
清真菜烹制技艺（马祥兴清真菜烹制技艺） ◎ 传统技艺 ◎ 南京市鼓楼区
陆稿荐苏式卤菜制作技艺 ◎ 传统技艺 ◎ 苏州市
豆腐制品制作技艺（苏式卤汁豆腐干制作技艺、界首茶干制作技艺、横山桥百叶制作技艺） ◎ 传统技艺 ◎ 苏州市，高邮市，常州市武进区
酱菜制作技艺（三和四美酱菜制作技艺、常州萝卜干腌制技艺） ◎ 传统技艺 ◎ 扬州市，常州市钟楼区
淮安茶馓制作技艺 ◎ 传统技艺 ◎ 淮安市
靖江肉脯制作技艺 ◎ 传统技艺 ◎ 靖江市
常熟叫化鸡制作技艺 ◎ 传统技艺 ◎ 常熟市
沛县鼋汁狗肉烹制技艺 ◎ 传统技艺 ◎ 沛县
镇江肴肉制作技艺 ◎ 传统技艺 ◎ 镇江市
刘长兴面点制作技艺 ◎ 传统技艺 ◎ 南京市
汤面制作技艺（昆山奥灶面制作技艺、镇江锅盖面制作技艺） ◎ 传统技艺 ◎ 昆山市，镇江市
汤包制作技艺（楚州文楼汤包制作技艺、靖江蟹黄汤包制作技艺） ◎ 传统技艺 ◎ 淮安市楚州区，靖江市

扬州炒饭制作技艺 ◎ 传统技艺 ◎ 扬州市
平桥豆腐制作技艺 ◎ 传统技艺 ◎ 淮安市楚州区

致和堂膏滋药制作方法 ◎ 传统医药 ◎ 江阴市
季德胜蛇药制药技艺 ◎ 传统医药 ◎ 南通市
王氏保赤丸制作技艺 ◎ 传统医药 ◎ 南通市
五妙水仙膏制作技艺 ◎ 传统医药 ◎ 灌南县

殷巷石锁赛力 ◎ 传统体育、游艺与杂技 ◎ 南京市江宁区
阳湖拳 ◎ 传统体育、游艺与杂技 ◎ 常州市武进区
彭祖导引养生术 ◎ 传统体育、游艺与杂技 ◎ 徐州市

七夕节（太仓七夕习俗） ◎ 民俗 ◎ 太仓市
柚山放灯节 ◎ 民俗 ◎ 金坛市
宜兴观蝶节 ◎ 民俗 ◎ 宜兴市
海州湾渔俗 ◎ 民俗 ◎ 连云港市
洪泽湖渔家婚嫁礼俗 ◎ 民俗 ◎ 洪泽县

南通范氏世家诗文 ◎ 其他 ◎ 南通市

扩展项目

吴歌（河阳山歌、白茆山歌、芦墟山歌、双凤山歌、胜浦山歌） ◎ 民间文学 ◎ 张家港市，常熟市，吴江市，太仓市，苏州市工业园区
宝卷（同里宣卷、锦溪宣卷、河阳宝卷、胜浦宣卷、常州宣卷） ◎ 民间文学 ◎ 吴江市，昆山市，张家港市，苏州市工业园区，常州市天宁区

扬州民歌（胥浦农歌） ◎ 传统音乐 ◎ 扬州市，仪征市
江南丝竹 ◎ 传统音乐 ◎ 江苏省演艺集团，江阴市
道教音乐（泰州道教音乐、茅山道教音乐、乾元观道教音乐） ◎ 传统音乐 ◎ 泰州市，句容市，金坛市
十番音乐（辛庄十番音乐） ◎ 传统音乐 ◎ 常熟市

傩舞（高淳跳五猖） ◎ 传统舞蹈 ◎ 高淳县
竹马（淮阴马头灯舞、湾北小马灯舞、南辰跑马灯舞、蒋塘马灯舞） ◎ 传统舞蹈 ◎ 淮安市淮阴区，南京市六合区，东海县，溧阳市
龙舞（栖霞龙舞、长芦抬龙、直溪巨龙、段龙舞、沙沟板凳龙舞、太平龙灯） ◎ 传统舞蹈 ◎ 南京市栖霞区，高淳县，金坛市，江阴市，兴化市，常州市新北区
狮舞（铜山高台狮子舞、丹阳九狮舞） ◎ 传统舞蹈 ◎ 南京市江宁区，丹阳市
花鼓（浒浦花鼓、泰兴花鼓） ◎ 传统舞蹈 ◎ 常熟市，泰兴市

淮剧 ◎ 传统戏剧 ◎ 淮安市，泰州市
杖头木偶戏 ◎ 传统戏剧 ◎ 江苏省演艺集团

苏州评弹（苏州评话、苏州弹词）◎ 曲艺 ◎ 江苏省演艺集团
扬州评话 ◎ 曲艺 ◎ 江苏省演艺集团，镇江市
扬州清曲 ◎ 曲艺 ◎ 镇江市
徐州琴书 ◎ 曲艺 ◎ 宿迁市宿城区，涟水县
苏北大鼓 ◎ 曲艺 ◎ 赣榆县，睢宁县

苏绣（东台发绣）◎ 传统美术 ◎ 东台市
民间绣活（邳州绣花鞋）◎ 传统美术 ◎ 邳州市
石雕（铜山石刻）◎ 传统美术 ◎ 铜山县
核雕（云渡桃雕）◎ 传统美术 ◎ 泗阳县
竹刻（金陵竹刻、扬州竹刻）◎ 传统美术 ◎ 南京市，扬州市
泥塑（徐州泥塑）◎ 传统美术 ◎ 徐州市
灯彩（徐州花灯）◎ 传统美术 ◎ 徐州市鼓楼区

南京云锦木机妆花手工织造技艺 ◎ 传统技艺 ◎ 江苏汉唐织锦科技有限公司
蓝印花布印染技艺（邳州蓝印花布印染技艺）◎ 传统技艺 ◎ 邳州市
传统建筑营造技艺（扬州园林营造技艺）◎ 传统技艺 ◎ 扬州市
制扇技艺（金陵折扇制作技艺、高淳羽毛扇制作技艺）◎ 传统技艺 ◎ 南京市栖霞区，高淳县
风筝制作技艺（徐州风筝、沙洲风筝）◎ 传统技艺 ◎ 徐州市，张家港市
传统木船制造技艺（洪泽湖木船制造技艺）◎ 传统技艺 ◎ 洪泽县
盆景技艺（苏派盆景技艺、如皋盆景技艺）◎ 传统技艺 ◎ 苏州市，如皋市
酿醋技艺（汪恕有滴醋酿制技艺）◎ 传统技艺 ◎ 连云港市
酿造酒酿造技艺（玉祁双套酒酿造技艺）◎ 传统技艺 ◎ 无锡市
蒸馏酒酿造技艺（洋河酒酿造技艺、双沟大曲酒酿造技艺、高沟酒酿造技艺）◎ 传统技艺 ◎ 宿迁市，涟水县

抬阁（东山台阁）◎ 传统体育、游艺与杂技 ◎ 苏州市吴中区

灯会（古胥门元宵灯会）◎ 民俗 ◎ 苏州市沧浪区
水乡妇女服饰（胜浦水乡妇女服饰）◎ 民俗 ◎ 苏州市工业园区
庙会（苏州“轧神仙”庙会、泰伯庙会、惠山庙会、皂河龙王庙会、子房山庙会、华山庙会、九里季子庙会、薛城花台会、南京祠山庙会）◎ 民俗 ◎ 苏州市金阊区，无锡市，宿迁市宿豫区，徐州市云龙区，镇江市新区，丹阳市，高淳县，溧水县

第三批省级非物质文化遗产名录项目

焦尾琴传说 ◎ 民间文学 ◎ 溧阳市
虞姬传说 ◎ 民间文学 ◎ 沭阳县
汉王拔剑泉和马扒泉传说 ◎ 民间文学 ◎ 徐州市铜山区
张士诚传说 ◎ 民间文学 ◎ 大丰市
海州智慧人物传说 ◎ 民间文学 ◎ 连云港市海州区
曹瘦脸儿故事 ◎ 民间文学 ◎ 如东县
蒋乔镇的民间故事 ◎ 民间文学 ◎ 镇江市润州区
花子街 ◎ 民间文学 ◎ 南通市港闸区
二郎神传说 ◎ 民间文学 ◎ 灌南县

通州民歌 ◎ 传统音乐 ◎ 南通市通州区
二胡艺术 ◎ 传统音乐 ◎ 无锡市
板桥道情 ◎ 传统音乐 ◎ 兴化市

打罗汉 ◎ 传统舞蹈 ◎ 高淳县
渔舟剑桨 ◎ 传统舞蹈 ◎ 无锡市滨湖区
睢宁鲤鱼戏花篮 ◎ 传统舞蹈 ◎ 睢宁县
跑驴（丁嘴跑驴） ◎ 传统舞蹈 ◎ 宿迁市宿豫区

肩担木偶戏 ◎ 传统戏剧 ◎ 高邮市
吕剧 ◎ 传统戏剧 ◎ 东海县

无锡评曲 ◎ 曲艺 ◎ 无锡市滨湖区
唱春（常州唱春） ◎ 曲艺 ◎ 常州市新北区

邳州喜床画 ◎ 传统美术 ◎ 邳州市
木雕（南京仿古木雕、扬州木雕、南通红木雕刻） ◎ 传统美术 ◎ 南京市玄武区，扬州市，南通市崇川区，如皋市
苏州砖雕 ◎ 传统美术 ◎ 苏州市相城区
泰兴麻将雕刻 ◎ 传统美术 ◎ 泰兴市
东海水晶雕刻 ◎ 传统美术 ◎ 东海县
连云港锻铜技艺 ◎ 传统美术 ◎ 连云港市
草编（薛桥草编） ◎ 传统美术 ◎ 徐州市铜山区

如皋丝毯织造技艺 ◎ 传统技艺 ◎ 如皋市
南通扎染技艺 ◎ 传统技艺 ◎ 海安县
南通勾针技艺 ◎ 传统技艺 ◎ 海安县
青铜器修复与仿古技艺 ◎ 传统技艺 ◎ 南京博物院
南通铜香炉浇铸技艺 ◎ 传统技艺 ◎ 南通市崇川区
谢馥春“香、粉、油”制作技艺 ◎ 传统技艺 ◎ 扬州市
建湖花炮制作技艺 ◎ 传统技艺 ◎ 建湖县
兴化水车制作技艺 ◎ 传统技艺 ◎ 兴化市
宜兴青瓷制作技艺 ◎ 传统技艺 ◎ 宜兴市
制陶技艺（宜兴均陶制作技艺、宜兴彩陶装饰技艺、黑陶制作技艺） ◎ 传统技艺 ◎ 宜兴市，连云港市

拓印技艺 ◎ 传统技艺 ◎ 南京博物院
太仓糟油制作技艺 ◎ 传统技艺 ◎ 太仓市
太仓肉松制作技艺 ◎ 传统技艺 ◎ 太仓市
钦工肉圆制作技艺 ◎ 传统技艺 ◎ 淮安市楚州区
石港腐乳酿制技艺 ◎ 传统技艺 ◎ 南通市通州区
合成昌醉螺制作技艺 ◎ 传统技艺 ◎ 盐城市亭湖区
木渎石家鲃肺汤制作技艺 ◎ 传统技艺 ◎ 苏州市吴中区
徐州饣它汤工艺 ◎ 传统技艺 ◎ 徐州市
秦淮（夫子庙）传统风味小吃制作技艺 ◎ 传统技艺 ◎ 南京市秦淮区
苏州织造官府菜制作技艺 ◎ 传统技艺 ◎ 苏州市平江区

丁氏痔科医术 ◎ 传统医药 ◎ 南京市秦淮区
雅妙河戴氏中医喉科疗法 ◎ 传统医药 ◎ 泰州市
闵氏伤科疗法 ◎ 传统医药 ◎ 苏州市、昆山市
郑氏妇科疗法 ◎ 传统医药 ◎ 昆山市
金坛儒林树德堂妇科疗法 ◎ 传统医药 ◎ 金坛市
常州钱氏中医儿科疗法 ◎ 传统医药 ◎ 常州市
臣字门儿科中医术 ◎ 传统医药 ◎ 仪征市
金坛老人山程氏骨伤疗法 ◎ 传统医药 ◎ 金坛市
许氏正骨疗法 ◎ 传统医药 ◎ 泰州市
曹氏中药热敷接骨疗法 ◎ 传统医药 ◎ 灌南县
戴晓觉膏药制作技艺 ◎ 传统医药 ◎ 连云港市新浦区
阙氏膏药制作技艺 ◎ 传统医药 ◎ 淮安市楚州区

铜山北派少林拳 ◎ 传统体育、游艺与杂技 ◎ 徐州市铜山区

抖空竹 ◎ 民俗 ◎ 南京市秦淮区
苏南水乡婚俗 ◎ 民俗 ◎ 常熟市
湖甸龙舟会 ◎ 民俗 ◎ 常熟市

扩展项目

水漫泗州城传说 ◎ 民间文学 ◎ 泗洪县
项羽传说 ◎ 民间文学 ◎ 宿迁市宿豫区

渔民号子（弶港渔民号子） ◎ 传统音乐 ◎ 东台市
江南丝竹 ◎ 传统音乐 ◎ 苏州市
五大宫调（响水五大宫调） ◎ 传统音乐 ◎ 响水县

龙舞（玉祈龙舞、海安苍龙舞、海安罗汉龙、丁伙龙舞） ◎ 传统舞蹈 ◎ 无锡市惠山区，海安县，江都市
狮舞（邳州舞狮） ◎ 传统舞蹈 ◎ 邳州市
莲湘（闵桥莲湘） ◎ 传统舞蹈 ◎ 金湖县
灯舞（马灯阵舞） ◎ 传统舞蹈 ◎ 丹阳市

锡剧 ◎ 传统戏剧 ◎ 苏州市

淮剧 ◎ 传统戏剧 ◎ 宝应县
柳琴戏 ◎ 传统戏剧 ◎ 新沂市
淮海戏 ◎ 传统戏剧 ◎ 泗阳县
京剧 ◎ 传统戏剧 ◎ 江苏省戏剧学校

苏北琴书 ◎ 曲艺 ◎ 泗阳县，泗洪县
工鼓锣 ◎ 曲艺 ◎ 泗阳县，响水县

剪纸（溱湖刻纸、金湖剪纸） ◎ 传统美术 ◎ 东台市，金湖县
苏绣（南通彩锦绣） ◎ 传统美术 ◎ 南通市
竹编（后塍竹编） ◎ 传统美术 ◎ 张家港市

风筝制作技艺（如皋风筝制作技艺） ◎ 传统技艺 ◎ 如皋县
精细木作技艺（柞榛家具制作技艺） ◎ 传统技艺 ◎ 南通市
彰锻织造技艺（苏州彰锻织造技艺） ◎ 传统技艺 ◎ 苏州市
传统木船制作技艺（连云港木质渔船制作技艺） ◎ 传统技艺 ◎ 赣榆县
酿造酒酿造技艺（铜罗黄酒酿造技艺、后塍黄酒酿造技艺、海门颐生酒酿造技艺、王四桂花酒酿造技艺） ◎ 传统技艺 ◎ 吴江市，张家港市，海门市，常熟市
色织土布技艺（南通色织土布技艺） ◎ 传统技艺 ◎ 启东县
装裱技艺（苏派装裱技艺） ◎ 传统技艺 ◎ 南京博物院
柳编技艺（草桥柳编） ◎ 传统技艺 ◎ 新沂市
渔具制作技艺（兴化渔具制作技艺） ◎ 传统技艺 ◎ 兴化市
糕点制作技艺（乾生元枣泥麻饼制作技艺、常州大麻糕制作技艺、常州芝麻糖制作技艺） ◎ 传统技艺 ◎ 苏州市吴中区，常州市武进区，常州市钟楼区
豆腐制品制作技艺（白蒲茶干制作技艺） ◎ 传统技艺 ◎ 如皋市

庙会（祠山庙会、金村庙会） ◎ 民俗 ◎ 溧阳市，张家港市
清明节（茅山会船） ◎ 民俗 ◎ 兴化市

2016年公布

第四批省级非物质文化遗产名录项目

苏东坡传说 ◎ 民间文学 ◎ 常州市天宁区
朱元璋传说 ◎ 民间文学 ◎ 盱眙县
镜花缘传说 ◎ 民间文学 ◎ 连云港市
丁兰刻木传说 ◎ 民间文学 ◎ 丰县
周七猴子传说 ◎ 民间文学 ◎ 邳州市，新沂市
九龙口传说 ◎ 民间文学 ◎ 建湖县
秦淮传说故事 ◎ 民间文学 ◎ 南京市秦淮区
孟郊与游子吟的故事 ◎ 民间文学 ◎ 溧阳市

古筝艺术 ◎ 传统音乐 ◎ 扬州市

冻煞窠 ◎ 传统舞蹈 ◎ 溧阳市
黄塍跑马阵 ◎ 传统舞蹈 ◎ 宝应县
盾牌舞 ◎ 传统舞蹈 ◎ 宜兴市

淮红戏 ◎ 传统戏剧 ◎ 宿迁市宿豫区
越剧（竺派艺术） ◎ 传统戏剧 ◎ 南京市
黄梅戏 ◎ 传统戏剧 ◎ 盱眙县
皮影戏 ◎ 传统戏剧 ◎ 南京市秦淮区
木偶戏（七都提线木偶） ◎ 传统戏剧 ◎ 苏州市吴江区

肘鼓子 ◎ 曲艺 ◎ 连云港市赣榆区
洋钎说书 ◎ 曲艺 ◎ 启东市
淮海琴书 ◎ 曲艺 ◎ 淮安市淮阴区
宣卷（无锡宣卷） ◎ 曲艺 ◎ 无锡市滨湖区
兴化锣鼓书 ◎ 曲艺 ◎ 兴化市
沛县荷叶落子 ◎ 曲艺 ◎ 沛县
莲花落 ◎ 曲艺 ◎ 海安县

常州烙画 ◎ 传统美术 ◎ 常州市武进区
农民画（六合农民画、邳州农民画、射阳农民画） ◎ 传统美术 ◎ 南京市六合区，邳州市，射阳县
沙地灶头画 ◎ 传统美术 ◎ 启东市
连云港贝雕 ◎ 传统美术 ◎ 连云港市赣榆区
盆景技艺（孟河斧劈石盆景、苏派盆景） ◎ 传统美术 ◎ 常州市新北区，常熟市
面塑（姜堰面塑、阜宁面塑） ◎ 传统美术 ◎ 泰州市姜堰区，阜宁县
瓷刻（南京瓷刻、大丰瓷刻） ◎ 传统美术 ◎ 南京市玄武区，盐城市大丰区

传统绳带编制技艺 ◎ 传统技艺 ◎ 泰州市高港区
吴罗织造技艺（四经绞罗织造技艺、纱罗织造技艺） ◎ 传统技艺 ◎ 苏州市工业园区、吴中区
传统鸟笼制作技艺（扬派雀笼传统制作技艺、苏派鸟笼制作技艺） ◎ 传统技艺 ◎ 扬州市，苏州市姑苏区
古籍修复技艺 ◎ 传统技艺 ◎ 南京大学图书馆
高港宫灯制作技艺 ◎ 传统技艺 ◎ 泰州市高港区
皮毛制作技艺 ◎ 传统技艺 ◎ 南京市江宁区
宜兴龙窑烧制技艺 ◎ 传统技艺 ◎ 宜兴市
宜兴陶传统仓储技艺 ◎ 传统技艺 ◎ 宜兴市
青铜失蜡铸造技艺 ◎ 传统技艺 ◎ 苏州市相城区、姑苏区，苏州工艺美术职业技术学院
草编（下邳蒲扇编织技艺、新沂蓑衣编织技艺、射阳草编技艺） ◎ 传统技艺 ◎ 睢宁县，新沂市，射阳县
锡帮菜烹制技艺 ◎ 传统技艺 ◎ 无锡市
苏帮菜烹制技艺 ◎ 传统技艺 ◎ 苏州市
淮帮菜烹制技艺 ◎ 传统技艺 ◎ 淮安市

京苏大菜烹制技艺 ◎ 传统技艺 ◎ 南京市鼓楼区
淮安全鳝席烹制技艺 ◎ 传统技艺 ◎ 淮安市
太湖船菜 ◎ 传统技艺 ◎ 无锡市
太湖船点 ◎ 传统技艺 ◎ 无锡市梁溪区
清水油面筋 ◎ 传统技艺 ◎ 无锡市新吴区
何首乌粉制作技艺 ◎ 传统技艺 ◎ 滨海县
高邮咸鸭蛋制作技艺 ◎ 传统技艺 ◎ 高邮市
羊肉烹制技艺（藏书羊肉制作技艺、码头汤羊肉烹饪技艺）◎ 传统技艺 ◎ 苏州市吴中区，淮安市淮阴区
酱油酿造技艺（浦楼白汤酱油酿造技艺、华士冰油酿造技艺）◎ 传统技艺 ◎ 淮安市清浦区，江阴市
永和园面点制作技艺 ◎ 传统技艺 ◎ 南京市秦淮区
安乐园清真小吃制作技艺 ◎ 传统技艺 ◎ 南京市秦淮区
王兴记小吃 ◎ 传统技艺 ◎ 无锡市梁溪区
共和春小吃制作技艺 ◎ 传统技艺 ◎ 扬州市广陵区

常州屠氏中医内科疗法 ◎ 传统医药 ◎ 常州市钟楼区
然字门内科中医术 ◎ 传统医药 ◎ 扬州市
春字门内科中医术 ◎ 传统医药 ◎ 扬州市
龙砂医学诊疗方法 ◎ 传统医药 ◎ 无锡市
张简斋中医温病医术 ◎ 传统医药 ◎ 南京市秦淮区
万寿堂胃病疗法 ◎ 传统医药 ◎ 灌南县
中医肝病疗法（肝胆疾病中医外治法、汤氏肝病疗法）◎ 传统医药 ◎ 江阴市，宜兴市
朱氏诊法（咽喉诊、脐腹诊）◎ 传统医药 ◎ 江阴市
金陵洪氏眼科 ◎ 传统医药 ◎ 南京市秦淮区
吴氏疔科 ◎ 传统医药 ◎ 苏州市吴中区
金陵中医推拿术 ◎ 传统医药 ◎ 南京市秦淮区
针灸（陈氏针灸、朱氏针灸疗法、宋氏耳针）◎ 传统医药 ◎ 泰州市姜堰区，扬州市，苏州市姑苏区
金陵杨氏中药炮制技艺 ◎ 传统医药 ◎ 南京市秦淮区
骨康外敷药酒炮制技艺 ◎ 传统医药 ◎ 淮安市清河区
黄氏玉容丸制作技艺 ◎ 传统医药 ◎ 如皋市
传统中医膏方制作技艺（雷允上膏方制作技艺）◎ 传统医药 ◎ 苏州市
益肾蠲痹法治疗风湿病技术 ◎ 传统医药 ◎ 南通市开发区
梨膏糖制作技艺 ◎ 传统医药 ◎ 无锡市梁溪区

太极拳（孙氏太极拳）◎ 传统体育、游艺与杂技 ◎ 镇江市
史式八卦掌 ◎ 传统体育、游艺与杂技 ◎ 溧阳市
刘氏自然拳 ◎ 传统体育、游艺与杂技 ◎ 连云港市连云区
形意拳 ◎ 传统体育、游艺与杂技 ◎ 灌云县
江南船拳 ◎ 传统体育、游艺与杂技 ◎ 苏州市
六步架大洪拳 ◎ 传统体育、游艺与杂技 ◎ 丰县
十五巧板 ◎ 传统体育、游艺与杂技 ◎ 扬州市邗江区

中秋节（扬州中秋拜月）◎ 民俗 ◎ 扬州市

虞山三月三报娘恩 ◎ 民俗 ◎ 常熟市
邓尉探梅 ◎ 民俗 ◎ 苏州市吴中区
吴桥社火 ◎ 民俗 ◎ 扬州市江都区
渔沟花鼓会 ◎ 民俗 ◎ 淮安市淮阴区
上鹞灯 ◎ 民俗 ◎ 常熟市
雨花石鉴赏习俗 ◎ 民俗 ◎ 南京市，南京市六合区
淮北盐民习俗 ◎ 民俗 ◎ 连云港市
江苏省菱塘回回习俗 ◎ 民俗 ◎ 高邮市
扬中河豚食俗 ◎ 民俗 ◎ 扬中市
徐州伏羊食俗 ◎ 民俗 ◎ 徐州市
沛县汉宴十大碗食俗 ◎ 民俗 ◎ 沛县

扩展项目

梁祝传说 ◎ 民间文学 ◎ 南京市高淳区
吴歌（白洋湾山歌、阳澄渔歌、昆北民歌、石湾山歌）◎ 民间文学 ◎ 苏州市姑苏区、相城区，昆山市，常熟市
宝卷（吴地宝卷）◎ 民间文学 ◎ 常熟市，张家港市
谜语（无锡灯谜、淮安灯谜、平望灯谜、南通灯谜）◎ 民间文学 ◎ 无锡市，淮安市，苏州市吴江区，南通市

吟诵调（苏州吟诵、苏州吟诵）◎ 传统音乐 ◎ 苏州市，太仓市
民歌（六合民歌、兴化民歌、通东民歌、牛歌）◎ 传统音乐 ◎ 南京市六合区，兴化市，海门市，阜宁县
江南丝竹 ◎ 传统音乐 ◎ 昆山市
十番音乐（十番锣鼓、木渎十番）◎ 传统音乐 ◎ 宜兴市，苏州市吴中区
宜兴丝弦 ◎ 传统音乐 ◎ 宜兴市
锣鼓乐（东浦丝弦锣鼓、洋渚圣旨锣鼓、新沂锣鼓）◎ 传统音乐 ◎ 常州市金坛区，溧阳市，新沂市

龙舞（陆家段龙舞）◎ 传统舞蹈 ◎ 昆山市
渔篮花鼓 ◎ 传统舞蹈 ◎ 无锡市锡山区
花船舞（三河花船）◎ 传统舞蹈 ◎ 洪泽县
莲湘（甪直连厢）◎ 传统舞蹈 ◎ 苏州市吴中区
高跷（竹镇高跷、临泽高跷）◎ 传统舞蹈 ◎ 南京市六合区，高邮市
灯舞（常熟滚灯、春城马灯阵舞、马灯阵舞）◎ 传统舞蹈 ◎ 常熟市，句容市，镇江市润州区

锡剧 ◎ 传统戏剧 ◎ 江阴市，宜兴市，张家港市
淮剧 ◎ 传统戏剧 ◎ 涟水县，兴化市
淮海戏 ◎ 传统戏剧 ◎ 灌云县
童子戏 ◎ 传统戏剧 ◎ 沭阳县
常州滑稽戏 ◎ 传统戏剧 ◎ 常州市

苏州评弹 ◎ 曲艺 ◎ 无锡市
常州评话 ◎ 曲艺 ◎ 常州市
苏北琴书 ◎ 曲艺 ◎ 沭阳县
邳州大鼓 ◎ 曲艺 ◎ 邳州市
小热昏 ◎ 曲艺 ◎ 无锡市梁溪区，宜兴市

年画（南通木版年画） ◎ 传统美术 ◎ 南通市
苏绣（苏州发绣） ◎ 传统美术 ◎ 苏州市姑苏区
玉雕（苏州玉雕、徐州玉雕、邳州玉雕） ◎ 传统美术 ◎ 苏州市吴中区，徐州市鼓楼区，邳州市
竹刻（金陵竹刻） ◎ 传统美术 ◎ 南京市玄武区
泥塑（孤山泥狗子、邳州泥玩具、南京泥人、太平泥叫叫） ◎ 传统美术 ◎ 靖江市，邳州市，南京市玄武区，镇江市京口区
灯彩（南通灯彩） ◎ 传统美术 ◎ 南通市
象牙雕刻（仿古牙雕、仿古牙雕） ◎ 传统美术 ◎ 南京市秦淮区、江宁区
木雕（苏州红木雕刻、佛像雕刻、常州红木浅刻、泰州木雕） ◎ 传统美术 ◎ 苏州市，苏州市吴中区，常州市武进区，泰州市高港区

缂丝织造技艺（苏州缂丝织造技艺、南通缂丝织造技艺） ◎ 传统技艺 ◎ 苏州市相城区，南通市
传统建筑营造技艺（香山帮传统建筑营造技艺、徐州民居传统营造技艺） ◎ 传统技艺 ◎ 常熟市，徐州市云龙区
传统砖瓦制作技艺 ◎ 传统技艺 ◎ 昆山市，苏州市相城区
南京金箔锻制技艺 ◎ 传统技艺 ◎ 南京市江宁区
家具制作技艺（明式家具制作技艺、通作家具制作技艺、精细木作技艺） ◎ 传统技艺 ◎ 常州市，苏州市吴中区，南通市，南通市崇川区，句容市，扬州市广陵区，江阴市
苏州漆器制作技艺 ◎ 传统技艺 ◎ 苏州市
民族乐器制作技艺（扬中箫笛制作技艺、赵氏二胡制作技艺、柳琴制作技艺） ◎ 传统技艺 ◎ 扬中市，丹阳市，徐州市
传统木船制作技艺（七桅古船制作技艺、古船制作技艺） ◎ 传统技艺 ◎ 苏州市吴中区，常熟市
酿醋技艺（恒升香醋酿造技艺） ◎ 传统技艺 ◎ 丹阳市
酿造酒酿造技艺（樱桃酒酿造技艺、糯米陈酒酿制技艺、黑杜酒酿造技艺） ◎ 传统技艺 ◎ 连云港市，海安县，江阴市
蒸馏酒酿造技艺（泰州白酒酿造技艺、丰县泥池酒酿制技艺、沛县酿酒技艺） ◎ 传统技艺 ◎ 泰州市高港区，丰县，沛县
南京板鸭盐水鸭制作技艺 ◎ 传统技艺 ◎ 南京市
传统棉纺织技艺（雷沟大布制作技艺、丰县棉纺织技艺） ◎ 传统技艺 ◎ 张家港市，丰县
毛笔制作技艺（徐氏毛笔制作技艺） ◎ 传统技艺 ◎ 南京市浦口区
柳编（盐都柳编） ◎ 传统技艺 ◎ 盐城市盐都区
配制酒制作技艺（窑湾绿豆烧） ◎ 传统技艺 ◎ 新沂市

绿茶制作技艺（雨花茶制作技艺） ◎ 传统技艺 ◎ 南京市玄武区
糕点制作技艺（阜宁大糕制作技艺、惠山油酥制作技艺） ◎ 传统技艺 ◎ 阜宁县、无锡市梁溪区
素食制作技艺（鸡鸣寺素食制作技艺） ◎ 传统技艺 ◎ 南京市玄武区
酱菜制作技艺（甪直萝卜制作技艺） ◎ 传统技艺 ◎ 苏州市吴中区
汤面制作技艺（东台鱼汤面制作技艺） ◎ 传统技艺 ◎ 东台市

膏药制作技艺（蒋氏骨伤膏药制作技艺、邱氏烫伤膏制作、徐州祛腐生肌膏医药、吴氏膏药） ◎ 传统医药 ◎ 涟水县，兴化市，徐州市，盐城市亭湖区
丁氏痔科医术（无锡丁氏痔科疗法） ◎ 传统医药 ◎ 无锡市
黄氏喉科疗法 ◎ 传统医药 ◎ 无锡市
周氏妇科疗法 ◎ 传统医药 ◎ 江阴市
儿科疗法（塘桥陆氏中医儿科、谦字门儿科中医术、兴化史氏中医幼科疗法） ◎ 传统医药 ◎ 张家港市，扬州市，兴化市
骨伤疗法（常州朱氏伤骨科疗法、刘氏骨伤疗法） ◎ 传统医药 ◎ 常州市天宁区，无锡市
正骨疗法（谢氏正骨疗法、许氏正骨疗法） ◎ 传统医药 ◎ 江阴市，泰州市姜堰区
接骨术（张氏接骨） ◎ 传统医药 ◎ 南京市浦口区

掼石锁（无锡花样石锁、海陵掼石锁、姜堰掼石锁） ◎ 传统体育、游艺与杂技 ◎ 无锡市新吴区，泰州市海陵区、姜堰区

元宵节（新安灯会、马庄灯俗、方巷走北习俗、沙沟游走灯会） ◎ 民俗 ◎ 灌南县，徐州市贾汪区，南京市六合区，兴化市
庙会（妈祖祭、杨桥庙会、圣堂庙会、茅山东岳庙会、彭祖庙会、泰山庙会） ◎ 民俗 ◎ 太仓市，常州市武进区，苏州市相城区，兴化市，徐州市铜山区、泉山区
海州湾渔俗 ◎ 民俗 ◎ 连云港市

图书在版编目（CIP）数据

苏韵流芳 / 南京博物院编. — 南京：译林出版社，2017.8

ISBN 978-7-5447-7042-2

Ⅰ. ①苏… Ⅱ. ①南… Ⅲ. ①非物质文化遗产－介绍－江苏 Ⅳ. ① G127.53

中国版本图书馆 CIP 数据核字 (2017) 第 188481 号

在本书编撰过程中，王奇志、刘文涛、欧阳宗俊、盛之翰、吉龙生、戴珩、赵鲁刚等人提供了帮助，特此鸣谢。本书中图片由南京博物院、江苏省非物质文化遗产保护中心、各市非物质文化遗产保护中心和管理办公室、相关非物质文化遗产项目保护单位、传承人和摄影师提供，在此一并致谢。

苏韵流芳　南京博物院 / 编

策划编辑　张　遇
责任编辑　费明燕
装帧设计　郭　凡
校　　对　张　萍
责任印制　董　虎

出版发行　译林出版社
地　　址　南京市湖南路1号A楼，邮编：210009
邮　　箱　yilin@yilin.com
网　　址　http://www.yilin.com
市场热线　025-86633278
印　　刷　上海雅昌艺术印刷有限公司
开　　本　889毫米×1194毫米　1/32
印　　张　8.75
版　　次　2017年8月第1版　2017年8月第1次印刷
书　　号　ISBN 978-7-5447-7042-2
定　　价　128.00元